转型时期中国城镇化协调发展研究：理论与实践

施益军 著

中国建筑工业出版社

图书在版编目（CIP）数据

转型时期中国城镇化协调发展研究：理论与实践 / 施益军著. —北京：中国建筑工业出版社，2020.11
ISBN 978-7-112-25589-4

Ⅰ.①转… Ⅱ.①施… Ⅲ.①城市化—研究—中国 Ⅳ.①F299.21

中国版本图书馆CIP数据核字(2020)第227217号

城镇化协调发展水平是对我国城镇化发展过程中规模与质量协调发展的总体评价。本书基于系统论、协同论、可持续发展理论和其他相关理论来研究城镇化发展水平问题，创新性地提出了城镇化协调发展水平测度分析模型和城镇化协调发展空间效应分析模型，并运用该模型分析揭示了中国城镇化协调发展特征、评估城镇化协调发展水平和空间效应。在当前我国城镇化发展的转型重要时期，科学有效的城镇化协调水平研究对制定未来城镇化发展战略具有重要的基础理论意义，同时也具有一定的实践应用价值。

责任编辑：费海玲　张幼平　刘文昕
责任校对：党　蕾

转型时期中国城镇化协调发展研究：理论与实践
施益军　著

*

中国建筑工业出版社出版、发行（北京海淀三里河路9号）
各地新华书店、建筑书店经销
北京光大印艺文化发展有限公司制版
北京建筑工业印刷厂印刷

*

开本：880毫米×1230毫米　1/32　印张：7⅝　字数：189千字
2020年12月第一版　2020年12月第一次印刷
定价：58.00元
ISBN 978-7-112-25589-4
（36453）

版权所有　翻印必究
如有印装质量问题，可寄本社图书出版中心退换
（邮政编码 100037）

本书为浙江省社科规划课题"中国城镇化质量与城镇化规模协调发展水平测度及空间效应研究(编号:20NDQN300YB)"资助成果

序

　　城镇化是我国实现现代化的必由之路，是我国推进社会主义现代化建设和促进社会全面进步的必然要求。近年来，中央高度重视城镇化发展问题，提出了一系列推进城镇化的指导方针。"十二五"规划纲要提出积极稳妥推进城镇化进程，党的十八大提出"促进工业化、信息化、城镇化、农业现代化同步发展""构建科学合理的城市化格局""城镇化质量明显提高"等目标和要求，明确新型城镇化作为今后一个时期中国经济继续以较快速度前行的引擎。可以说城镇化协调发展是新常态背景下国家转型发展的战略要求和实现途径。但另一方面，从我国现阶段城镇化发展的现状看，我国地域广大，区域差异显著，城镇化水平也存在着区域间的差异、城镇化协调发展水平超前和滞后型地区并存的问题。因此，如何解决我国城镇化协调发展这一问题，不仅具有一定的理论意义，而且具有较为广泛的实践应用价值。

　　本书是在施益军博士论文基础上改写而成。我们知道，自1979年我的硕士导师、南京大学教授吴友仁先生在《城市规划》上发表《关于我国社会主义城市化道路问题》以来，"城镇化协调发展"一直是个长久不衰的热门话题，可以说是"老瓶"，但施益军博士在博士论文选题时，毫不畏惧，迎难而上，采用了新的视角和新的方法，属于"新酒"，基于系统论、协同论、可持续发展理论和其他相关理论来研究城镇化发展水平问题，创新性地提出了城镇化协调发展水平测度分析模型和城镇化协调发展空间效应分析模型，并运用该模型分析揭示了中国城镇化协调发展特征、评估城镇化协调发展水平和空间效应，具有一定的理论意义和实践应用价值。具体来说本书的贡献和价值主要有以下两点：

　　（1）在城镇化协调发展水平测度上，本书在归纳、梳理国内外城镇化的相关研究以后，结合全国城镇化发展特征，创新性地构建了基于城镇化发展规模与质量的城镇化协调发展水平测度模型（QS模型），探讨了城镇化协调发展水平的测度方法，界定了城镇化"协调发展水平基准区间带"及"协调发展水平标点"，并给出发展状态指数、发展水平偏离程度及发展向好速率等指标的计算方法。同时，在理论模型构建的基础上，将模型运用于全国286个样本城镇上进行了实证分析。

（2）在城镇化协调发展的空间效应上，本书把地理空间因素纳入分析框架之中，利用空间计量模型，研究城镇化的空间效应及空间演化。通过空间自相关模型，分析了全国各样本城镇城镇化发展的空间相关性；通过空间差异指数，测度了各样本城镇城镇化协调发展的实际变化情况；通过利菲弗方向性分布模型，分析了各样本城镇城镇化协调发展的空间格局演变趋势；通过空间计量回归模型，分析了各样本城镇城镇化协调发展空间演化的驱动因子。

随着我国城镇化发展进入下半场，科学有效的城镇化协调水平测度和研究分析方法的构建对制定未来城镇化战略有着基础性作用，同时也是对我国城镇化发展研究基础的夯实和拓展。在此背景下，本书的出版，对于我国城镇化的科学有序发展无疑具有积极的推动作用。作为施益军的博士导师，我既为他取得的骄人成绩感到高兴，也愿意继续支持他的这份坚持和努力，同时也希望有更多的青年学者投身到我国城镇化浪潮的研究中，为构建我国城市规划科学理论体系添砖加瓦。

为此，欣然为之序。

翟国方　教授
南京大学建筑与城市规划学院
2020年2月24日

前言

诺贝尔经济学奖获得者斯蒂格利茨曾经说,美国的新技术革命和中国的城镇化是21世纪带动世界经济发展的"两大引擎"。城镇化是我国实现现代化的必由之路,是我国社会主义现代化建设和社会全面进步的必然要求。随着1978年改革开放号角的吹响,我国的城镇化步入了不断加速的轨道,并保持着年均提高1个百分点的增长速度。从我国现阶段城镇化发展的现状看,我国地域广大,区域差异显著,城镇化水平也存在着区域间的差异,城镇化协调发展水平超前和滞后型地区并存。

城镇化协调发展水平的研究是对各城镇现阶段综合发展过程中城镇化规模与城镇化质量协调发展的总体评价,通过城镇化协调发展水平的测度以及区域内城镇化发展的空间效应分析,一方面可以全面地认识我国当前城镇化协调发展的真实水平,另一方面可以有效揭示当前阶段各城镇在空间上的分布和演化特征,从而为促进我国城镇化健康协调有序地发展,实现城乡协调发展,提出更加有针对性的对策。因而,随着我国城镇化发展进入快速发展和转型的重要时期,科学有效的城镇化协调水平研究方法的构建对制定未来城镇化战略有着基础性作用,同时也是对我国城镇化发展研究基础的夯实和拓展。

本书研究内容主要包括四个部分:

第一部分(第1章和第2章):提出我国城镇化协调发展水平研究的背景、研究意义及研究目标等;对本书中涉及的相关概念作了界定,对本书研究中涉及的相关理论作了梳理和总结,在此基础上从城镇化发展的基础研究、城镇化发展实证及评价研究和城镇化空间效应的研究三个方面总结和梳理目前关于城镇化的研究综述。

第二部分(第3章和第4章):界定了本书的研究范围和研究尺

度，同时从发展历程、发展特征及发展问题三个方面介绍了我国目前城镇化发展现状；构建了基于城镇化发展质量与发展规模评估的城镇化协调发展水平测度模型（QS模型），探讨了城镇化协调发展水平测度模型和动态分析模型（DCLM）。在此基础上，通过引入空间权重，构建以空间自相关模型、空间差异模型为主的空间效应分析模型，并基于此进一步构建了城镇化协调发展空间格局演化的分析模型和驱动力分析模型。

第三部分（第5章和第6章）：基于构建的理论模型对全国286个样本城镇的城镇化发展规模、城镇化发展质量和城镇化协调发展水平进行了测度和分析，并在计算结果的基础上进一步分析样本城镇城镇化协调发展状态指数、偏离度指数和向好速率指数。通过空间自相关分析模型对全国286个样本城镇城镇化协调发展水平的全局自相关和局部自相关进行分析，通过空间差异性分析对各样本城镇的城镇化协调发展水平实际变化进行了分析。在此基础上，通过城镇化协调发展水平时空格局演化驱动机制分析和空间计量回归模型，探讨城镇化协调发展水平空间格局演化的驱动力。

第四部分（第7章）：总结本书研究主要结论，提出我国城镇化协调发展的相关启示和建议以及本书的创新点，并根据本书研究中存在的不足对下一步研究推进和深化作出展望。

本书是基于本人博士论文的基础改写而成，从博士论文的撰写到本书初稿的改写过程中，都要特别感谢我的导师翟国方教授。翟老师治学严谨，为人谦和，其渊博的学识和人格魅力令我折服，从他身上我不仅学到了求学做研究的能力，更学会了诸多为人处世的道理。在南大学习生活的点滴，让我至今记忆犹新。至此书稿付梓之际，谨向翟老师致以崇高的敬意和衷心的感谢！

在本书初稿整理和校对的过程中，得到了多位好友的帮助，他们分别是王军、刘宏波、周姝天、鲁钰雯,对他们的帮助再次表示诚挚感谢。感谢中国建筑工业出版社的刘文昕编辑在出版过程中的帮助和辛劳付出。

本书的研究是本人作为一名初涉学术界的小学徒的心得和初步探索,以期为我国的城镇化协调发展作出一点贡献。由于个人理解能力和水平限制,难免有疏漏和研究不足之处,敬请谅解。

施益军

2020 年 2 月 28 日

目录

序

前言

第1章 绪论 　1

1.1 研究背景 　1

1.1.1 我国城镇化进入高速发展阶段和转型期 　1

1.1.2 我国城镇化发展存在着巨大的地域差异 　3

1.1.3 实现城镇化协调发展是国家转型发展的战略要求 　4

1.1.4 城镇化协调发展水平的研究是城镇化研究的深化与拓展 　5

1.2 研究意义 　6

1.2.1 理论意义 　6

1.2.2 实践意义 　7

1.3 研究目标和主要内容 　8

1.3.1 研究目标 　8

1.3.2 主要内容 　8

第2章 城镇化发展相关研究及评述 　10

2.1 相关概念界定与理论基础 　10

2.1.1 概念界定 　10

2.1.2 理论基础 　17

2.2 城镇化发展的相关基础研究 　23

2.2.1 城镇化发展模式研究 　23

    2.2.2 城镇化发展内容研究   25

    2.2.3 城镇化发展方向研究   25

    2.2.4 城镇化发展经验总结研究 26

    2.2.5 小结   27

  2.3 城镇化发展评价及实证相关研究 28

    2.3.1 城镇化规模评价   28

    2.3.2 城镇化质量评价   30

    2.3.3 城镇化水平评价   32

    2.3.4 城镇化协调性评价   34

    2.3.5 小结   36

  2.4 城镇化空间效应相关研究   36

第3章 研究区概况及城镇化发展现状 **39**

  3.1 研究范围和研究尺度界定   39

  3.2 我国城镇化发展概况与现状   43

    3.2.1 中国城镇化发展主要历程 43

    3.2.2 中国城镇化发展现状特征 45

    3.2.3 当前城镇化发展中存在的问题 48

第4章 城镇化协调发展水平测度及空间效应理论模型的构建 **51**

  4.1 城镇化协调发展水平测度理论模型构建 51

    4.1.1 城镇化发展质量测度体系构建 55

    4.1.2 城镇化发展规模测度体系构建 59

    4.1.3 评价指标的标准化处理与权重确定 59

    4.1.4 城镇化协调发展水平测度模型 61

	4.1.5 城镇化协调发展水平分布动态分析模型	64
4.2	城镇化协调发展水平空间效应及其格局演化驱动力分析	67
	4.2.1 空间权重的确定	68
	4.2.2 空间相关性分析模型	70
	4.2.3 空间差异性分析模型	72
	4.2.4 时空格局演变及主要驱动力分析	73

第5章 中国城镇化协调发展水平测度与分析　78

5.1	中国城镇化发展质量测度与分析	78
	5.1.1 城镇化发展质量的测度	78
	5.1.2 城镇化发展质量的分析	80
5.2	中国城镇化发展规模测度与分析	92
	5.2.1 城镇化发展规模的测度	92
	5.2.2 城镇化发展规模的分析	93
5.3	中国城镇化协调发展水平测度与分析	104
	5.3.1 中国城镇化协调发展耦合度测度与分析	104
	5.3.2 中国城镇化协调发展水平测度与分析	105
5.4	中国城镇化协调发展水平动态分析	112
	5.4.1 中国城镇化协调发展水平路线拟合	112
	5.4.2 城镇化协调发展状态指数	115
	5.4.3 城镇化协调发展偏离程度指数	119
	5.4.4 城镇化协调发展向好速率指数	121

第6章 中国城镇化协调发展水平空间效应及其驱动力分析　123

6.1	空间权重矩阵的选择和确定	123

6.2 中国城镇化协调发展水平空间效应分析 　　124
6.2.1 城镇化发展空间相关性分析 　　124
6.2.2 城镇化协调发展空间差异分析 　　158

6.3 城镇化协调发展水平时空格局演变及其驱动力分析 　　162
6.3.1 城镇化协调发展水平时空格局演变趋势分析 　　162
6.3.2 城镇化协调发展水平时空格局演变驱动力分析 　　169

第7章 主要结论、启示及展望 　　181

7.1 主要结论 　　181

7.2 主要启示和建议 　　190
7.2.1 稳步推进城镇发展规模的有序增长 　　190
7.2.2 推进城镇发展提质升级，着力提升城镇发展质量 　　193
7.2.3 提升城镇化协调发展水平，促进城镇化健康协调发展 　　196

7.3 可能的创新点 　　201

7.4 研究不足与展望 　　202
7.4.1 研究不足 　　202
7.4.2 今后研究展望 　　204

附：城镇化协调发展水平空间计量回归模型运行代码 　　206

参考文献 　　210

第 1 章 绪 论

1.1 研究背景

1.1.1 我国城镇化进入高速发展阶段和转型期

工业革命以来的社会经济发展经验表明,城镇化是现代化的必由之路。从 1949 年中华人民共和国成立到 1978 年"十一届三中全会",由于城乡分割的二元结构,我国城镇化长期处于停滞状态。改革开放后,中国城镇化发展不断加速,2005 年以来,城镇化率年均提高 1.30 个百分点,城镇人口平均每年增长 2096 万人(图 1-1)。截至 2019 年年末,全国大陆地区总人口 140 005 万人,其中城镇常住人口 84843 万人,占总人口比重(常住人口城镇化率)为 60.60%,城镇化率基本达到世界平均水平。

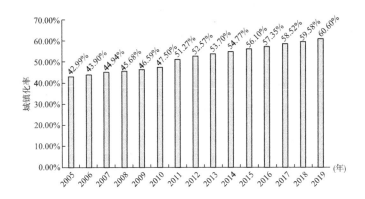

图 1-1 2005—2015 年中国城镇化率

伴随着我国城镇化进程的快速发展，各类冲突和问题也不断产生和加剧。主要表现在：

（1）城市间发展的差距不断拉大。由于资源基础和政策的不同，长期的城市建设积累下来的不仅是经济发展水平、政策制度和政治地位上的巨大差距，还有人才、科技和基础设施等方面的差距，这些差距的存在已成为影响中国城镇化可持续发展的障碍。

（2）城乡间发展差距不断拉大。长期以来我国的城镇化发展都是通过工业扩张带动农业剩余劳动力转移。这种城镇化模式，导致乡村处于城镇化发展中的劣势地位，忽视了农业与农村地区的发展，从而导致城乡发展差距不断拉大，城乡二元结构形成。

（3）城市病问题突出。在我国快速城镇化进程中，自然或人为的各种原因，导致城市部分功能失灵，各种社会经济问题凸显，从而阻碍了城市的发展，主要表现为自然资源短缺、生态环境破坏、城市交通日益拥堵、城市居民生活成本增加、公共资源供给不均衡、公共安全事件频发等城市病问题。可以说，城市病已经成为制约城市可持续发展的重要问题之一（施益军，翟国方等，2018）。

按照城镇化发展阶段 S 曲线（图 1-2），我国已进入城镇化加速发展阶段（城镇化率 30% 至 70% 阶段）。这一阶段在实现城镇化规模增长的同时，更加侧重于促进城镇化发展的提质升级，实现城镇化发展由传统的规模和速度的增长向质量提升的转变，是我国当前城镇化发展的首要任务，也是实现我国城镇化发展健康、协调、有序的必然要求。

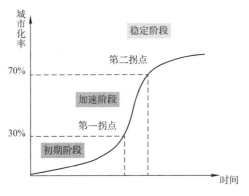

图 1-2 城镇化发展阶段 S 曲线

1.1.2 我国城镇化发展存在着巨大的地域差异

由于社会经济发展水平、资源条件和区域条件等不同因素的影响，不同区域之间的城镇化发展存在着较大的差异，城镇化发展领先区域和落后区域并存。改革开放以来，东部地区由于发展基础、区位优势和政策优势，率先实现了城镇化的快速发展，形成了京津冀城市群、长江三角洲城市群和珠江三角洲城市群等一批具有典型代表的城市群，在实现区域自身发展的同时，有力地带动了整个东部地区的城镇化发展。广大的中西部地区城镇化发展相对比较滞后，与东部地区的差距较大。2016 年，东部地区城镇常住人口的城镇化率达到 62.6%，而中部地区和西部地区则只有 48.5% 和 44.85%（图 1-3）。随着我国城镇化的纵深发展推进和中西部地区的发展，东部沿海地区的产业逐渐转移到广大的中西部地区，通过在中西部地区社会经济水平和发展基底较好的城镇和地区，加快城镇化的发展，促进和引导其成为新的区域增长极，从而带动整个中西部地区的城镇化发展。

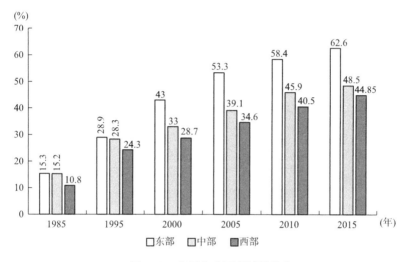

图 1-3 中国东中西部城镇化率

在此大的背景之下,全国一盘棋式的城镇化发展战略很难适应不同地区间差异化发展的需求,需要结合不同地区城镇化发展的实际状况,因地制宜地制定城镇化发展的战略和对策。基于此,城镇化协调发展水平的测度和空间效应的分析,有助于认清和理解我国当前城镇化发展过程中不同地区间的水平差异,推动我国城镇化的健康发展和促进城乡统筹(王洋等,2012)。对我国城镇化协调发展水平进行测度和分析,探索我国城镇化空间效应及空间格局演变趋势,有助于增强对当前城镇化发展的认识和理解,有助于推动我国城镇化的健康发展。

1.1.3 实现城镇化协调发展是国家转型发展的战略要求

近年来,中央高度重视城镇化发展问题,提出了一系列推进城镇化的指导方针。"十二五"规划纲要提出积极稳妥推进城镇化进程,十八大提出"促进工业化、信息化、城镇化、农业现代化同步发展""构建科学合理的城市化格局""城镇化质量明显提高"等目标和要求,明确新型城镇化作为今后一个时期中国经济继续以较快速度前行的引擎。2013年12月12日至13日,中央首次召开专题城镇化工作会议,提出当前推进城镇化的主要任务是推进农业转移人口市民化、提高城镇建设用地利用效率、建立多元可持续的资金保障机制和优化城镇化布局和形态、提高城镇建设水平、加强对城镇化的管理。2014年3月,中共中央、国务院专门下发了《国家新型城镇化规划(2014—2020)》,进一步明确未来城镇化的发展路径、主要目标和战略任务。2016年12月中央城市工作会议召开,会议要求优化提升东部城市群,在中西部地区培育发展一批城市群、区域性中心城市,促进边疆中心城市、口岸城市联动发展,让中西部地区广大群众在家门口也能分享城镇化成果。2017年"十九大"报告也提出以城市群为主体构建大中小城市和小城镇协调发展的城镇格局,加快农业转移人口市民化。

可以说城镇化协调发展是新常态背景下国家转型发展的战略要求和实现途径,在此背景下通过构建理论模型,研究我国城镇化协调发展水平和空间效应具有重大的战略意义。

1.1.4 城镇化协调发展水平的研究是城镇化研究的深化与拓展

城镇化协调发展水平的研究是对各城镇现阶段综合发展过程中城镇化规模与城镇化质量协调发展的总体评价,通过城镇化协调发展水平的测度以及区域内城镇化发展的空间分异评价,有效揭示各城镇当前阶段发展的优势和不足,从而为促进城镇化转型和发展,实现城乡协调发展,提出更加有针对性的对策(陆大道,2013;Fang,2016)。因而,随着我国城镇化发展进入快速发展和转型的重要时期，科学有效的城镇化协调水平测度和研究分析方法的构建对制定未来城镇化战略有着基础性作用，同时也是对我国城镇化发展研究基础的夯实和拓展。

1.2 研究意义

1.2.1 理论意义

从理论发展视角看，城镇化协调发展水平研究是对城镇化理论的发展与完善，是对我国现有城镇化发展研究的夯实和补充。全面的城镇化协调发展水平内涵应该表现为发展规模与质量的双重提升和协调发展。基于此，本书主要抓住城镇化发展规模和发展质量两个维度，通过构建理论模型开展城镇化协调发展水平的分析研究。

（1）梳理了目前城镇化研究综述，结合现有研究，尝试对城镇化协调发展水平定义作出界定，并基于定义构建城镇化协调发展水平测度模型，提出"城镇化协调发展水平基准区间带"，正确认识发展质量与发展规模之间的相互关系，从时间和空间两个维度来动态地研究城镇化问题，这对城镇化发展理论与评价体系的丰富和深化具有一定的意义。

（2）通过将地理空间因素引入城镇协调发展空间效应的分析中，从城镇化协调发展的空间相关性和空间差异性两方面构建城镇化协调发展空间效应的分析模型。同时借鉴经济学的相关理念和模型，将城镇化协调发展的过程看作是不同要素投入产出的结果，通过空间计量经济学中的空间自回归模型分析城镇化协调发展演变的驱动力。研究构建的方法，拓宽和完善城镇化空间效应研究的相关理论基础和研究方法。

1.2.2 实践意义

当前我国城镇化进入了快速发展和转型阶段。长期以来，社会经济发展和城镇化发展导致我国不同区域之间的城镇化发展差异巨大，因此，认清我国城镇化水平存在的巨大地域差异，紧扣城镇化协调发展水平，进行城镇化协调发展水平的测度与分析、空间效应分析、城镇化协调发展时空格局的演变分析及驱动力分析，有助于加深对我国城镇化发展的认识，从而为我国城镇化的转型升级和可持续发展提供更具有针对性的对策和建议。

（1）通过研究分析，加强不同区域、各级政府对城镇化协调发展水平的重视，改变传统的偏重城镇化发展规模和忽视或轻视城镇化发展质量的发展方式。通过对城镇化协调发展水平的测度与分析，一方面有助于加强对当前我国各城镇协调发展水平的认识，有助于发现问题与不足，扬长避短，在今后的城镇化发展过程中优化城镇化的协调发展；另一方面，有助于认识不同地区城镇化协调发展水平的差异，在后期的城镇化发展过程中，通过合理地调整城镇化分布和规模调整，以及通过政策的倾斜和支持，逐步缩小不同地区间的发展差距。

（2）城镇化是我国经济发展的新引擎，在新常态背景下，新的城镇化发展规模和发展质量的相互作用势必产生新的城镇化协调发展的空间效应和空间格局。在此背景之下，通过研究我国城镇化协调发展的空间效应和空间格局演变，加深对我国城镇化发展空间效应的认识和了解，基于此进一步探讨我国城镇化协调发展的驱动力，可为不同地区、不同空间尺度的城镇化发展提供政策指导。

1.3 研究目标和主要内容

1.3.1 研究目标

（1）理论角度。通过对相关理论基础和国内外研究综述的梳理和总结，本书尝试性地提出了基于城镇化发展规模和城镇化发展质量的二维象限的城镇化协调发展水平测度和分析模型，以及城镇化协调发展水平的空间效应评估模型和空间格局演变分析模型。

（2）实证角度。以全国286个样本城镇为例，评估和分析我国城镇化协调发展水平，在此基础上进一步结合地理空间格局分析我国城镇化协调发展水平空间效应及其空间格局演化的主要驱动力。

（3）对策角度。基于研究结果提出我国城镇化协调发展水平提升和优化的对策。

1.3.2 主要内容

本书研究内容主要包括全国城镇化协调发展水平测度及分析、城镇化协调发展水平空间效应及驱动力分析、我国城镇化协调发展水平提升优化对策三大方面，具体由七章组成。

第一章，城镇化协调发展水平研究背景与目的、意义。主要是介绍本书研究开展的背景、研究的意义（理论意义和实践意义）及研究的主要内容。

第二章，相关理论基础和国内外研究综述的梳理和总结。通过概念的梳理和界定，对本书中涉及的相关概念作出界定，同时对本书涉及的相关基础理论作了梳理和总结。在国内研究现状上，主要从城镇化的基础研究、城镇化发展的实证及评价与城镇化空间效应的研究三个方面展开。

第三章，基于地级行政区尺度对研究区范围作出界定，共确定

286个样本城镇。同时从发展历程、发展特征及发展问题三个方面介绍我国目前城镇化发展现状。

第四章，构建城镇化协调发展水平测度的评估模型和空间效应模型。在城镇化协调发展水平内涵界定和研究综述基础上，构建基于城镇化发展质量与发展规模评估的综合协调发展水平测度模型（QS模型），探讨城镇化协调发展水平测度模型和动态分析模型（DCLM）。在城镇化协调发展水平测度和分析的基础上，通过引入空间权重，构建以空间自相关模型、空间差异模型为主的空间效应分析模型，进一步构建城镇化协调发展空间格局演化的演化分析模型和驱动力分析模型。

第五章，全国城镇化协调发展水平测度分析。基于理论模型对全国286个样本城镇2005—2015年的城镇化发展质量和发展规模进行评估，在此基础上依托城镇化协调发展水平测度模型（QS模型）对样本城镇城镇化协调发展水平进行测度，并在计算结果的基础上进一步分析样本城镇城镇化协调发展状态指数、偏离度指数和向好速率指数。

第六章，全国城镇化协调发展水平空间效应分析。通过空间自相关分析模型对全国286个样本城镇城镇化协调发展水平的全局自相关和局部自相关进行分析，通过空间差异性分析对各样本城镇的城镇化协调发展水平实际变化进行分析。此基础上，通过城镇化协调发展水平时空格局演化驱动机制分析和空间计量回归模型，探讨城镇化协调发展水平空间格局演化的驱动力。

第七章，主要结论、启示与研究展望。基于本书的研究，得出六大主要结论，同时分别从三大方面提出我国城镇化协调发展的若干对策和建议。同时，对本书主要的创新点作了总结和概括，并根据本书研究中存在的不足对下一步研究推进和深化作出展望。

第 2 章 城镇化发展相关研究及评述

2.1 相关概念界定与理论基础

2.1.1 概念界定

（1）城镇化

与"城镇化"相近的概念的是"城市化"。1867 年，西班牙学者塞尔达（A. Serda，1867）在他的《城市化基本理论》一书中首次提出了"城市化（Urbanization）"的概念。他认为，城市化是指人口由农村地区向城镇地区聚集和城镇规模不断扩大的过程，以及在此过程中所产生的各种经济、社会、文化变化的过程。作为社会经济发展的一种普遍现象与过程，城镇化历来受到不同学科学者的关注，国外不同学者也对其概念作出了不同的界定。社会学领域的学者主要基于生活方式的转变，提出城镇化是人们由乡村生活方式逐步向城镇生活方式转变的过程；经济学者们则从经济结构上考虑，指出城镇化过程即是乡村经济结构向城市经济结构逐渐转变的过程；地理学家则是从地理空间的角度，认为城镇化是区域社会经济要素、人口及第二、第三产业向城镇聚集和由乡村地域转变为城镇地域的过程。综合不同学者对城镇化概念的界定，本书认为城镇化的概念可以归纳为人口向城市地域聚集和乡村地域转为城市地域的过程，这一过程使城市数量增多，每个城市人口和用地规模不断扩大，城市人口在区域总人口中所占比重不断提高。

国内学者对于城镇化概念的相关研究也很多。1979 年南京大学的吴友仁（1979）教授率先提出需要开展中国城市的研究，并指出城市化是指农村人口转变为城镇人口（非农业人口）的过程。从包含内容上来看，城镇化过程包括了城镇人口（非农业人口）比重的不断提高，城镇人口（非农业人口）地区分布的变化，城乡关系的转变，以及城镇建设的现代化水平等几个方面内容。高佩义（1991）在其《中外城市化比较研究》一书中提出，城市化过程是一个自然历史过程，是由传统的乡村社会转变为现代城市社会的过程。清华大学顾朝林教授（2008）认为城市化是一个全球性的经济社会演变过程，存在许多方面的含义和定义。城市化不仅包括城市人口和城市数量的增加，还包括既有城市经济社会的进一步社会化、现代化和集约化。张文和李明（2000）认为，城市化是在社会、经济发展过程中，第一产业从业人口向第二、第三产业转移，城市人口数量增加、城市人口比重增大、城市生活质量提升，最终实现城乡一体化发展的社会发展过程。国家发展和改革委员会城市和小城镇改革发展中心主任李铁（2013）同样认为城镇化是农村地区逐渐向城镇转变的过程，这一过程既包括城镇基础设施和社会公共服务覆盖更多农村地区及人口的过程，也包括城乡产业融合和城乡一体化发展的过程。经济学家厉以宁（2013）则认为，中国的城镇化不仅仅是城市物质主体（人口、土地、城市建设等）的城镇化，更是"人"的城镇化。因而城镇化的发展要以提高城镇居民的生活质量为主，同时注重城镇化背后的相关经济体制和制度构建（具体包括户籍制度、社会保障制度、土地流转制度等）。其他学者也从自己的学科背景和专业出发，提出了对城镇化的理解和认识（姜爱林，2001；王梦奎，2004等）。

上述解释都是试图从某一个或几个方面揭示城镇化的本质，涵盖了社会、经济、人口流动、空间结构、文化发展等多方面的内容。

尽管侧重点有所不同，但是都认为以城镇化率（城镇人口占总人口比重）单一指标衡量城镇化水平无法满足城镇化综合发展的需要。结合我国的社会、经济发展现状，本书认为，用"城镇化"一词表征我国农村向城镇转化的过程更为贴切。在借鉴现有研究的基础上，从互动发展的动态角度，本书认为，城镇化不仅包括人口、生产方式、生活方式、地域景观等由乡村到城市的转变过程，还应包括在这个转变过程中人口、经济、社会、环境等要素之间的协同发展，以及大中小城镇、城镇与乡村之间协调共生的过程。这主要基于以下三方面认识：

①城镇化突出地表现为城镇人口、经济、社会和功能的发展。城镇化以农村人口向城镇人口转移为前提，表现为人口从平面无限分散向有限空间聚集的过程。在此过程中，经济活动和产业逐渐向城镇聚集，与生产、生活相匹配的城镇功能和社会服务得以发展。

②城镇的可持续发展是城镇化的重要支撑。城镇的可持续发展应该表现为城镇人口、经济、社会、功能、环境等多个子系统的协调共生。

③促进大、中、小城镇与农村地区的协调发展，实现区域协调和城乡一体化，是城镇化发展的最高目标。城镇化发展应逐步打破行政区域限制和城乡限制，由传统的人口、产业发展理念转向区域协调发展和城乡一体化发展的理念，注重城镇之间的地理分工互补，解决城乡差别大、发展资源过于集中在城镇地区、城乡基本公共服务差距持续加大的问题，统筹城乡发展，实现城乡之间全方位的自主交流与平等互利合作。

（2）城镇化发展质量

城镇化质量是反映城镇化协调水平的概念之一，相关学者对于城镇化质量内涵的界定尚未达成共识。由中科院可持续发展战略研究组发布的研究报告指出，城镇化质量的内涵主要包括质量表征、公平表征和动力表征三方面。其中，质量表征包括城镇对于物质分配、生产服务、精神文化水平的综合能力，公平表征包括人际、代际和区际公平，动力表征包括发展力、竞争力、创新力及可持续性。国家统计局与中国统计学会提出的城镇化质量概念则包括：城镇化进程中"人"的生存和生活质量；城镇化发展的内在动力，即经济发展水平；城镇化进程中社会、经济、政治的协调发展；城镇化发展的公平性，即城乡统筹发展。叶裕民等（2001）则认为城镇化质量其实是对城镇现代化水平的描述，具体来说是对城镇化进程中人们的生活方式、生活质量和水平、思想观念等逐渐融入城市的程度。刘素冬（2006）认为，城镇化质量是城市实力逐渐增强、人民生活质量进一步提高、环境和基础设施进一步改善，最终实现城乡一体化的过程。孙长青、田园（2013）则认为，城镇化质量是与城镇化数量相对应的一个概念。具体来说，城镇化质量是对城镇化发展优劣程度的反映和描述。

在梳理国内外学者关于测度城镇化发展质量指标体系的基础上，结合研究对象和研究角度，本书认为城镇化发展质量反映的是城镇化进程中社会经济福利质量及城乡居民生活质量，具体来说主要包括经济发展质量、社会发展质量、生态环境质量和创新水平质量四个维度。

（3）城镇化发展规模

城镇化规模是与城镇化质量相对应的一个内涵丰富的概念，但它更偏重于从数量上衡量城镇化的发展，它本身就是一个综合性的概念。南京大学的吴友仁教授（吴友仁，宋家泰等，1986）是国内最早关注城镇化规模问题的学者，并指出城镇规模，一般指城镇人口和城镇（建成区）用地规模，但主要是指城镇人口规模。部分学者（张春梅等，2013；宋宇宁，2013；郭宇光，2015）认为城镇化发展规模主要体现在人口、经济、土地三个方面，在具体的指标表征上，他们采用城镇人口占总人口的比重来表征人口发展规模，采用非农产业生产总值占GDP的比重来表征经济发展规模，采用城镇建成区面积占城镇面积的比重来表征土地发展规模；还有一些学者（郑蔚，2013）认为城镇化发展规模内涵包括人口转移、经济转型及空间置换三个方面，在具体的表征指标上，采用非农人口和非农人口比重来表征人口转移，采用人均GDP和人均社会消费品零售总额表征经济转型，采用城镇建成区面积占城镇面积的比重来表征空间置换。

城镇化发展规模必须与地区经济的增长和人口增长规律相适应，从而使得城镇可以在社会经济发展和建设中做到以最小的消耗取到最高的效率，同时又可以为城镇的生产和生活提供良好的环境和基础条件，并取得良好的经济效果、社会效果和生态环境效果。城镇化发展规模更易受政策和经济的影响，政策本身难以衡量，但政策主要影响人口的流动变化、城镇土地面积的扩张、经济规模的变化。因此，本书中用城镇人口规模、土地规模和经济规模的变化来表征城镇化发展规模变化。

（4）城镇化协调发展水平

目前对城镇化协调发展水平没有专门的概念界定。最常见的理解认为，协调性或叫协调水平是指一个系统或整体内部不同的子系统或要素间的帕累托最优（Pareto Optimality），即整体达到最优化的状态。城镇化发展过程中的协调发展水平或协调性，同样可以从其系统内部子系统和要素间的协调性来理解。

城镇化发展是一个动态演变的过程，这个过程既包含土地规模、人口规模、经济规模等的变化，也就是城镇化发展的"量"的扩张的过程，也包含社会福利水平、公共服务水平、生态环境质量和经济发展质量提升的过程，这可以理解为城镇化发展的"质"的提升的过程。从这点来理解城镇化，我们可以认为城镇化协调发展水平反映的是城镇化进程中所处阶段的"质"和"量"两大方面，也就是规模大小和质量好坏。通常来说，城镇化质量和城镇化规模是城镇化进程中不可或缺的两个方面，它们是城镇化协调水平的二维表征，二者相互依赖、相互制约，城镇化质量与城镇化规模的发展状况共同决定了城镇化协调水平的高低，城镇化质量与城镇化规模的相互作用形成了城镇化水平提升的内部机制，这个内部机制决定了城镇化水平的高低。一方面，城镇化规模是城镇化质量的基础，土地面积越大可承载人口则越多，创造的财富价值也越高。另一方面，城镇化质量的提升是城镇化规模扩大的目的，并反作用于城镇化规模，城镇化质量的提高可以吸引更多高素质的人口进入城镇。

因此，一个完整的城镇化协调水平定义理应内在体现为城镇化质量的提高，而外在则体现为城镇化规模的扩张。由此可见，城镇化质量与城镇化规模是城镇化水平这枚硬币的两个面，是城镇化水平问题的正反两个方面，它们一起组成了城镇化水平的全部内容。在城镇化进程中，城镇化质量与城镇化规模之间有相互依存、相互影响的作用机制。

基于上述定义，结合城镇化发展的过程、构成要素及城镇化的本质内涵，本书尝试对城镇化协调发展水平作出界定。城镇化协调发展水平描述的是城镇化进程中城镇化发展规模和城镇化发展质量的综合协调表现。其中，"城镇化发展质量"是指城镇化进程中的社会经济福利质量及城乡居民生活质量，具体包括经济发展质量、社会发展质量、生态环境质量和创新发展质量等四个方面；"城镇化发展规模"主要从数量和规模上反映城镇化水平的概念，城镇化规模一般包括城镇人口规模、城镇土地规模和城镇经济规模三大方面。下面将分别对城镇化发展质量和城镇化发展规模的概念作出界定。

（5）城镇化空间格局与空间效应

不同学科对"空间"这一概念有着不同的解读和理解。物理学中的"空间"主要描述的是宇宙中的物质实体；社会学中的"空间"则主要是指社会个体由于不同需求所形成的社会交流空间，不一定是物质空间；地理学中对"空间"的描述相对比较全面，将空间认为是物质空间与社会空间的统一（吕园，2014）。陆大道院士（陆大道，1988）认为城市空间结构是不同的社会经济实体在空间相互作用下所形成的空间形态聚集形态，其中空间相互作用既包括聚集作用又包括扩散作用。从空间结构上来说，城镇空间格局就是各城镇在空间相互作用中，受到不同因素和作用力聚集和扩散驱动下城镇组织演化而形成的城镇空间分布格局或结构状态。城镇化空间格局常体现在城镇化水平和城镇体系的发育程度上，因此本书中将城镇化空间格局界定为区域范围内城镇化协调发展水平的空间差异以及城镇在空间上不断组织演变而形成的不同尺度城镇体系格局。

空间效应是空间计量经济学的基本特征，它反映着空间因素的影响，是空间计量经济学从传统计量经济领域独立出来的根本原因。空间效应包括了空间相关性和空间异质性。空间相关性是描述经济变量存在相关性的一种方法，而这一相关性是体现在空间结构上的（Anselin，1988）。当然，空间相关性并不是局限在地理意义上的相关性。例如，该空间结构可以是人与人之间的关系，也可以是不同政策的辐射能力等。简单地说，空间异质性描述的是不同经济个体之间存在的差异性，是以模型函数形式或参数表现出来的结构特征（Anselin，1988），并且强调这一差异是由空间分布或者空间结构特点导致的。城镇化空间效应是指利用空间计量模型对城镇化协调发展水平的时空分布格局进行分析,探索城镇化协调发展的空间聚集、辐射或收敛效应及演变趋势。

2.1.2 理论基础

城镇化是一个系统的工程,涉及发展社会学、经济学、地理学等不同学科的理论。

(1)城市发展与增长理论

最早提出"增长极(Growth Pole)"概念的是法国经济学家佩鲁(F. Perroux, 1970),他认为古典经济学家所提出的均衡发展观点存在一定的弊端,指出现实社会中经济要素的作用均是在非均衡的条件下发生的。佩鲁通过调研发现"增长并非同时出现在所有地方,它以不同的强度首先出现于一些增长点或增长极上,然后通过不同的渠道向外扩散,并对整个经济产生不同的最终影响"。佩鲁的增长极概念是从经济学的角度提出的,因而与地域空间无关。他认为,在经济空间中,经济元素间的相互影响是不均等的,一些经济元素支配着另一些经济元素,同时由于存在着类似"磁极"作用的现象,一些经济元素对另一些经济元素施加不可逆的或部分不可逆的影响,即支配关系或叫支配效应。佩鲁在其1955年的一篇论文《增长极概念》中进一步分析了产业支配关系的主要原因是创新能力在产业之间、经济元素之间的差异,并指出富于创新的优势经济元素在经济空间中通常会处于支配地位,而其他经济元素则处于受支配的地位。在佩鲁看来,增长极既是一个支配性的经济元素,又是一个具有强大推动效应的企业。它是发射离心力和向心力的中心(或极)。每个中心都处在其他众多的中心之中,并具有一定的吸引力和排斥力的作用范围。

法国地理学家布德维尔（J. Boudevile）于1957年将"极"的概念引入地理空间，提出了"增长中心"的概念。布德维尔强调经济空间的区域特征，认为"经济空间是经济元素在地理空间上的运用"。布德维尔把增长极与极化空间、城镇空间等概念结合起来，从而使增长中心有了明确的地理位置，即增长中心的"极"，一般来说位于城镇或区域的中心位置。

1957年，瑞典经济学家缪达尔（Myrdal）在其著作《富裕国家与贫穷国家》中提出"回流效应"和"扩散效应"的概念，进一步丰富了增长极理论。他认为由于增长极主导产业的发展，由于其产生的吸引力和向心力，会使得周围区域的资金、劳动力、科技等资源要素向核心地区聚集，这种聚集作用剥夺了周围区域的发展机会，从而使周围区域与核心地区的经济发展差距越来越大，这种过程称为"回流效应"；"扩散效应"表现为由于核心地区的快速发展，通过产品、资本、技术、人才、信息的流动，对其他地区的促进带动作用，提高其他地区的就业机会，增加农业产出，提高周围地区的边际劳动生产率和消费水平，引发周围地区的技术进步。

美国经济学家赫希曼（A. Hirschman）基于前人的研究提出了"极化—涓滴效应"学说，这一理论与"增长极"理论中提出的聚集—扩散相类似。极化效应认为城市的发展吸引农村人才和资本不断流向城市，并导致城乡差距不断拉大。涓滴效应则指城市的发展对农村产生辐射影响，并由此带动农村地区劳动生产率和消费水平的提高，进而有利于缩小城乡差距。

1966年美国规划专家弗里德曼（J. R. Friedmann）在增长极理论的基础上提出了"核心—边缘"理论，该理论认为核心区域与边缘区域的关系，在经济发展的不同阶段会发生转化。在发展的初级阶段，是核心区域对边缘区域的控制，边缘区域对核心区域的依赖，然后是依赖和控制关系的加强。但随着社会经济的发展，随着核心扩散作用的加强，核心将带动、影响和促进边缘区域的发展。边缘区域将形成次级核心，甚至可以取代原来的核心区域的控制。在该理论体系下，城镇和区域的利益关系是密不可分的。城镇是区域经济活动的中心，区域是城镇赖以存在和发展的基础。城镇通过交通、信息、商品、流通、金融等网络系统，把它与周围的区域紧密联结在一起，形成自己的腹地。因此，任何一个区域都要重视核心的发展，要形成和壮大区域的中心城镇。

总的来说，增长极理论是一个非均衡的发展理论，对我国城镇化建设具有一定的借鉴意义。这就要求在城镇化建设中能够形成极化效应和扩散效应，并把城镇和乡村联系在一起。缺陷在于增长极理论过于强调城市的权力与支配地位，而忽视了乡村的权利与作用（李哲，2014）。

（2）可持续发展理论

"可持续发展（Sustainable Development）"的概念最早出现于1980年国际自然保护同盟的《世界自然资源保护大纲》，其基本原则是既满足当代人的需求，又不对后代人满足其需求的能力构成危害。可持续发展涉及自然、环境、社会、经济、科技、政治等诸多方面，因而可以从不同角度对其作出定义。具体来说包括：

①从经济上来说，可持续发展理念认为在保持自然资源的质量及其所提供服务的前提下，使经济发展的净收益达到最大。可持续发展不仅强调经济的数量增长，更重视经济质量的发展。可持续发展理论要求改变以往"高消耗、高投入、高污染"式的生产消费模式，通过转变发展理念和发展方式降低经济生产活动的单位能耗，提高经济生产活动的单位产值。从某种角度上可以说集约型的经济增长方式就是可持续发展在经济方面的体现。

②从生态环境上来说，可持续发展要求社会经济发展与生态环境相协调。在实现社会经济发展的同时，必须以保护生态环境为前提，即强调社会经济的发展必须控制在生态环境的合理范围之内。

③从社会可持续发展上来说，不同国家和地区的发展阶段和具体目标虽然各不相同，但发展的本质都是致力于改善人类生活质量和提高健康水平，从而创造一个自由平等的社会环境。

可持续发展理论涉及不同学科，在城镇化发展的过程中，可以借鉴可持续发展理论，即在城镇化发展的过程中要综合考虑社会、经济和环境的综合协调发展，一方面要强调城镇化发展的规模，另一方面更要强调城镇化发展的质量，本书在对城镇化协调发展水平概念作界定时也主要借鉴了该理论。

（3）产业结构演变理论

产业结构演变理论认为，社会经济发展的过程也是产业结构转变的过程，即产业结构由"一二三"向"三二一"的转变过程。具体来说，从劳动力变化趋势看，随着社会经济的发展，人均收入水平的提高，劳动力首先从第一产业转移到第二产业上来，并随着人均收入水平的进一步提高，逐步向第三产业转移；从产值结构来看，随着社会经济的发展，第一产业的产值占比不断下降，第二产业和第三产业的产值占比逐渐增加，并且随着社会经济的进一步发展，第二产业的产值占比也逐渐下降，第三产业的产值占比持续上升。对一个国家而言，产业结构演变理论无疑是适用的，但是对具体某个城镇而言，仅仅是三次产业结构比例，并不能完全反映出该城市产业结构的合理情况。考虑到城市空间布局、错位发展的实际情况，同一地区相邻的两个城镇，一个可能重点发展工业，第二产业比例很高；一个可能重点发展服务业，第三产业比例很高。我们不能简单下定论，认为第三产业占比高的城镇产业结构就更合理。因此，本书在评价城镇化协调发展水平时并未采用"三次产业结构占比"去判断一个城镇的产业结构是否合理的做法，而选择采取非农产业占比（二三产业产值或劳动力占比之和）作为产业结构合理性的评价指标。

（4）城市进化理论

美国地理学家诺瑟姆（Ray. M. Northam）提出了城市发展的三阶段规律，即S形曲线。第一阶段是城市化的初期阶段，城市化率（城市人口占总人口比重）低于30%，对应于工业化初期阶段；第二阶段是城市化的中期阶段，城市化率为30%—70%，也称城市化加速发展阶段，对应于工业化中期阶段；第三阶段是城市化的后期阶段，城市化率大于70%，也是城市化的成熟稳定阶段，对应于工业化的后期阶段。但由于城市化发展的"三阶段论"仅仅以城镇人口占比来划分城市化进程，并没有体现出"经济"这一城市化的推动力，也没有与经济发展的四阶段论一一对应，更没有反映城市化率达到50%这一重要转折点。因此，后人在此基础上进行了完善，提出了城市化的四阶段论。第一阶段为城市化的初期阶段，对应于工业化初期阶段和经济增长的起步阶段，为低速城市化阶段。此阶段城市化率一般在1%—30%，农业人口和农业经济占绝对主导地位，工业化率低于30%，工业化逐渐成为城市化的主要推动力。第二阶段是城市化的中期阶段，对应工业化中期阶段和经济增长的成长阶段，城市化率开始迅速提高并达到30%—60%。此阶段工业化仍是主要推动力，第三产业逐步成为城市化的又一推动力。第三阶段是城市化的后期阶段（城市化减速阶段），对应工业化后期阶段和经济增长的成熟阶段。城市化率达到60%—80%，但城市化年均增长率开始减慢，第一产业比重下降，第三产业比重上升并成为城市化的最主要推动力。第四阶段是城市化的终期阶段，对应后工业化阶段和经济增长的顶级阶段，为极慢或零速城市化阶段。城市化率提高至极限值，可达到80%—100%，城市人口的增长越来越慢，甚至停滞不前，并出现郊区化和逆城市化现象，第三产业成为城市化最主要的推动力。

（5）系统论

系统理论主张任何事物都是一个系统。所谓系统，就是相互联系、相互制约、相互作用的元素组成的具有一定结构和功能的整体。其功能取决于它的组成部分以及这些部分之间的相互关系。

系统理论包括了集中性、完整性、终极性、等级结构、逻辑同构等概念，因此可以用来描述任意系统及其子系统的规律和模式，并试图对系统的功能和结构进行总结和描述。系统论强调系统整体与各个子系统、子系统间以及系统内部与外部间的有机联系，因此系统论具有目的性、整体性和动态性三个基本特征。从哲学角度来说，系统论将任何事物都看成一个整体或系统来考察。城市作为一个复杂的巨系统，其发展的过程受到内部和外部不同社会经济因素的影响。因此，在研究城镇化问题时，应将整个城镇化过程看成一个耦合的系统，综合研究系统与要素的关系，从而更好地理解城镇化的机制及发展过程。

（6）协同理论

协同理论主要用来研究远离平衡态的开放系统在与外界有物质或能量交换的前提下，如何通过自己内部协同作用，自发地出现空间、时间和功能上的有序结构。协同理论基于信息论、系统论、控制论等，同时参考耗散结构理论的理论框架体系，通过采用动力学和统计学的相关研究方法，构建了协同理论的基本理论框架。同时，通过对不同领域的分析，提出了多维相空间理论，建立了一整套的数学模型和处理方案，描述了从微观到宏观的转变中各种制度和现象中无序与秩序的普遍规律。

协同理论是研究不同事物的共同特征及其协同机制的新学科。这是一个综合性的学科，在过去的十年中已经得到发展和广泛应用。它着重于各种系统从无序到有序的相似之处。协同理论的创始人哈肯说，他把这个学科称为"协同论"，一方面是因为我们研究的对象是许多子系统在宏观尺度上产生结构和功能的综合作用，另一方面，它也是许多不同学科的合作，以发现自组织系统的一般原理。城镇化研究融合了地理学、经济学和社会学等相关学科。城镇化的理想状态是通过城市化协调发展促进经济、社会和环境的健康协调统一。因此，协调理论可以指导城镇化的相关研究。

2.2 城镇化发展的相关基础研究

城镇化发展的相关基础研究是城镇化研究工作开展的基础，目前对我国城镇化发展的理论研究主要集中在城镇化的发展模式、发展内容、发展方向以及发展经验等几个方面。

2.2.1 城镇化发展模式研究

城镇化发展模式是对城镇化发展方式和发展路径的概括和总结（苑林等，1999；毛丽芹，2004；周英，2006），具体是某一地方或区域城镇化发展的结构、机制和特征的总和。

在我国城镇化发展模式的研究上，南京大学教授吴友仁教授（1979）发表的《关于中国社会主义城市化问题》掀起了了研究城镇化发展模式的浪潮。他提出关于中国当走何种城镇化道路，应当优先发展哪一种城镇化模式的重要议题。不同学者基于不同研究基础学科背景作出了概括和总结。周一星（1988）、周民良（2005）等学者认为单纯依靠大城市无法解决农村剩余人口转移的问题，应着眼于小城镇发展，倡导采用小城镇发展模式。通过发展小城镇和发展乡镇企业来吸收和转移农村剩余人口，解决剩余劳动力的就业问题，实现地方城镇化。王小鲁等学者（1999）认为我国目前的城镇化发展仍主要以大中城市为主体，规模较大的大中城市由于聚集效应在城镇化发展的过程中具有较大的优势，因而可以产生更高的收益（王小鲁，1999）。潘培坤（2012）等学者从发展动力角度将我国城镇化发展模式概括为城郊型城镇化、工业推动型城镇化、现代农业发展推动型城镇化、市场发展推动型城镇化、旅游业推动型城镇化、镇域特色推动型城镇化等六大模式。王家庭（2010）根据城镇化规模和结构将城镇化发展模式划分为小城镇模式、大城市模式、中等城市模式和大中小城市相结合模式等四种。另外，戴均良（2002）认为中国城镇化应该走大中小城市和小城镇协调发展的道路，重点发展小城镇。孔祥云（2013）通过对改革开放以来我国城镇化发展的研究，将城镇化发展模式总结为工业兴镇模式、农民造城模式、农业发展模式和综合模式四种发展模式。另外有些学者根据城镇化发展中的特征提出了不同的城镇化发展模式，如辜胜阻（2009）等人提出的双重城镇化方向模式、李强（2012）等人提出的"推进模式"、秦震（2013）提出的政府主导型城镇化模式、王家庭（2010）提出的"低成本集约型城镇化"模式以及集群创导型模式等。除此之外，还有一些关于中国区域城镇化实践模式的研究如苏南模式、温州模式、珠江模式等。

这些学者的研究对当前我国城镇化发展现状模式作了较为全面的总结，为城镇化相关研究奠定了扎实的基础。从现有的研究来看，主要是从不同的研究角度分别对我国城镇化发展模式进行概括，有的是从发展主体规模，有的是从发展驱动力，有的是从发展主导产业，虽然具体的划分标准和模式各不相同，但这些模式研究为我们目前城镇化研究的分类和方向提供了一定的启示。

2.2.2 城镇化发展内容研究

城镇化发展内容，也就是对城镇化发展进程中各类问题的研究，这些问题也构成我国城镇化发展的主要障碍。目前我国城镇化发展内容研究主要集中在土地利用、公共服务设施建设、技术水平、户籍制度改革等多个方面（顾朝林，2008；刘建平、李云新，2011；程守艳，2011；林金忠，2002；姚亚伟、吴佩，2005；王国强，2004；赵阳，2010；杨天兵，2003；辜胜阻，2003）。

对城镇化发展内容的梳理和总结有助于更好地认识目前城镇化研究的主要问题，为后期城镇化协调发展水平指标体系的构建提供借鉴和参考。本书在构建城镇化协调发展水平相关指标时也主要参考了这部分内容。

2.2.3 城镇化发展方向研究

城镇化发展方向的研究主要是对中国城镇化未来发展道路问题的探讨，这类问题的研究与城镇化发展模式具有一定相似性，它主要探讨中国未来城镇化应该朝着什么样的方向或者道路发展的问题。

最早对该问题提出探讨的是我国著名的社会学家费孝通先生，他认为小城镇的发展有助于促进城乡协调，缩小城乡差距，小城镇作为联结城乡的纽带，有利于打破城乡二元结构，再加上受人口和地域的限制，小城镇的发展道路更适合中国的城镇化发展（费孝通，1999）。当然也有冯兰瑞（2001）等学者认为"离土不离乡"式的小城镇发展道路解决不了城镇化进程中劳动力过剩的转移问题，以小城镇为发展方向成本高，经济效益和社会效益也不好，从长远角度考虑，中国的城镇化发展应该走大、中、小城市协调发展的"城市化"发展道路。还有学者认为我国的城镇化发展方向应该是一种多元方式，如项继权（2011）等学者认为我国城镇化的根本问题和实质是农村地区经济社会发展与经济转型的问题。城镇化发展的进程不仅仅是农村人口向城镇地区转移的过程，也是城镇空间和规模扩张的过程。因此在城镇化发展的过程中一方面要坚持城乡一体化和城乡统筹的发展道路，另一方面又要做到因地制宜。

2002年党的十六大以后，中国政府提出走中国特色城镇化道路，学界也开始围绕这一方向进行研究。黄留国（2011）等学者认为中国特色的城镇化应该是以人为本、区域协调发展、城乡互动发展、经济与社会良性发展、人与自然和谐发展的城镇化道路。钱振明（2008）等学者则认为中国城镇化发展的道路应该是坚持大中小城市协调发展的道路，各个城市和地区在发展的过程中应该结合自身特色和发展实际情况，走因地制宜和多元化发展的道路。

总结起来，目前学界对中国未来城镇化方向问题作了较多的研究，累积了一定的研究基础。虽然不同学者的研究对中国未来城镇化发展方向的指引存在差异和不同，但共同之处在于如何协调处理城乡之间的关系，进而牵涉到城镇化的方向与道路问题。

2.2.4　城镇化发展经验总结研究

城镇化的健康协调发展离不开借鉴已有的国内外实践经验，这是中国城镇化避免走弯路、走错路的基本保证。从总体上看，关于中国城镇化发展经验的研究包括国内经验和国外经验。

国内城镇化发展经验主要包括三大方面：一是对我国城镇化发

展的总结，尤其是对改革开放三十多年来城镇化发展累积经验的总结。如住房和城乡建设部课题组对改革开放 30 年以来我国城镇化建设经验的总结包括坚持以农业和农村稳定为前提、不断完善和调整管理体制、积极发挥城乡规划内在调控经济发展和资源方面的作用、不同时期要有不同的发展重点等。二是对不同案例的经验性研究，如尚娟（2013）所著的《中国特色城镇化道路》中针对重庆、成都、苏南、宁夏、陕西等地城镇化进行的调研报告。三是对国内具有代表性的城镇化发展经验的总结和介绍。如对具有代表性的苏南地区、义乌、温州等东部城镇化发展先行区域城镇化发展经验的总结和介绍。

城镇化国外发展经验主要是借鉴和吸取国外城镇化建设的经验和教训。如顾朝林教授（2010）通过对发达国家和发展中国家城镇化发展过程的分析，总结出世界城市化和城市发展的趋势，从而为我国城市化发展提供经验启示。潘培坤、凌岩等学者（2012）介绍了意大利的小城镇群和产业群发展经验、日本和韩国的小城镇发展经验以及拉美地区过度城市化和大城市病的教训。尚娟（2013）等学者介绍了英国、美国、德国城镇化模式的经验。还有一些学者从外国城市化历史过程的角度来反思城镇化的方向以及城乡关系的研究（张国富，2011；王勇辉，2011）。

2.2.5 小结

总的来说，关于中国城镇化发展的研究涉及城镇化的各个层面，研究成果比较丰富，为我国城镇化研究工作奠定了扎实的基础。但是专门针对中国城镇化研究的理论建构却比较缺乏，并没有形成具有一定影响力的理论体系。同时，多数研究比较分散，没有形成城镇化研究的重点。而在一些经验或者对策研究上，区域性或者说地方性特征较为明显，并没有找到适合范围更广的具有一定普遍适用性的经验价值，结果造成研究成果的局限性。同时，由于更多侧重在定性层面的总结和探讨，容易造成研究成果的泛化。在我们未来城镇化发展和研究中，应更多通过普适性评价模型的构建，为城镇化研究长期动态的评价提供理论支撑。

2.3　城镇化发展评价及实证相关研究

城镇化发展评价是科学认清我国城镇化发展现状和合理制定城镇化对策的基础和关键所在。在我国城镇化发展评价中，选取科学合理的城镇化评价的相关指标对于我国政府制定城镇化政策和改进城镇化工作具有十分重要的意义。从现有的研究来看，城镇化发展评价的相关研究主要集中在以下几个方面：

2.3.1　城镇化规模评价

对城镇化规模的研究最早可以追溯到古希腊学者柏拉图（Plato）关于理想城邦合理规模的论述，他以城市中心广场为标准，提出了城镇的最佳人口规模。对于城镇规模的初步研究，主要集中在现代城市规划思想提出时期。从19世纪中叶开始，出现了一系列有关城镇规模方面的讨论和研究。如埃比尼泽·霍华德（Ebenezer Howard）提出的田园城市理论则指出，田园城市由城市和乡村两部分组成，因而城市不可能一直增长，需要对其规模进行限制。20世纪以来，学术界有越来越多的学者开始对城镇合理规模问题进行研究，美国地理学家莫尔（Morrill）则认为，中等城市规模是最为理想的城市规模，当城市人口达到25万至35万人时，一方面拥有较强社会经济发展的实力，可以发展成为相对独立的区域中心，另一方面又可以有效地避免大城市的各种问题。另外，英国学者科林·克拉克（Colin Clark）和西什（Hirsch）通过研究城市公共服务设施的成本问题发现，随着城镇规模的增加，人均服务成本呈现出先下降再上升的变化趋势。国外学者从地理学（Mills & Ferranti，1971；Henderson，2007）、经济学（Gupta，1997；Evans，1972）和行政学（Button，1984）等角度对最优城市规模问题进行了大量研究。

  国内来看，20世纪80年代，由南京大学牵头组成的"城镇合理规模"课题组首次比较系统全面地研究了城镇化发展规模问题。研究确定了城镇合理规模的理论和方法，并分别对地区中心、钢铁工业、石油化工和铁路枢纽等四种不同类型城镇发展规模进行了比较系统的分析。许学强（1982）教授认为由于各时期国民经济发展的形势不同，有关城镇发展政策的变化，以致各时期城镇发展速度有很大差异。同一时期内，城镇规模不同，发展速度也不一样。速度的差异引起各时期城镇规模结构的变化。并以各个城市1973—1978年的人口增长速度为基础，预测2000年我国城镇人口规模体系。随后关于城镇规模的相关研究逐渐增多。总结起来主要集中在三个方面：从人口规模角度，研究我国最优城市规模问题，如张应武（2009）、王小鲁（2010）等学者；从经济规模上，对最优城市规模问题予以分析，如俞燕山（2000），刘晓丽、王发曾（2012）等；基于土地规模上，研究城市规模成本、最优规模等问题，如武彦民、杨峥（2012），张应武（2009）等。

  目前城镇规模的研究都是侧重于某一方面，如人口规模、经济规模或者土地规模，而城镇化过程不仅涵盖人口数量，同时也反映地域范围和经济状况，仅以单方面的指标难以衡量城市规模的真实情况，因此本书在评价城镇化发展规模时综合考量人口规模、经济规模和土地规模，以此来建立指标体系。

2.3.2 城镇化质量评价

随着城镇化进程的发展和学者们对城镇化研究的不断深化和扩展，不少学者也逐渐开始关注城镇化质量的相关研究。国外学者对城镇化质量的相关研究起步较早，在研究内容上也相对较为集中。针对城镇化进程中产生的各类城市问题，学者们对于城镇化发展质量的关注越来越多。日本学者稻永幸男（1971）等最早提出城市发展质量测度方法，从经济活动、区位发展、城市规模、就业、人口增长5个方面对城市度发展进行综合评价；美国学者韦伯斯特（Webster）（Webster & Muller，2000）从城市竞争力的视角构筑了包括经济结构、区位享赋、人力资源与制度环境四个主要因素的质量评价指标体系；联合国人居署（United Nations Human Habita，2002）于2002年编制了包含生产发展、公共设施、垃圾处理、健康及教育在内的城市发展指数，并根据各国统计数据进行测度。2003年又将城市发展指数发展为包含住房、基础设施、环境、交通、社会发展和城市管理六大类的综合体系；世界银行发展报告从社会人文发展的角度出发，以人的发展、教育、社会和谐等指标评价各国城镇化质量发展。美国学者丹尼尔（Daniel）等从定义主观幸福感概念出发，更加重视人们对城市发展的主观感受，此后不少学者将主观指标与客观指标相结合测度生活质量等城镇化质量指标。美国学者萨沃伊（Savoy）等以生态环境为主要研究视角，通过构建人居生活质量概念模型论述城市发展应该是经济、社会与生态的统一。

随着中国城镇化建设的不断深入，城镇化发展质量逐渐成为学术界研究的热点。国内最早对城镇化发展质量进行研究的是叶裕民

(2001)教授，她通过分析城镇化质量的核心内容，从城市现代化和城乡一体化两大方面构建城镇化发展质量的指标体系。其中，城市现代化包括城市经济现代化、基础设施现代化和人的现代化三个方面，城乡一体化则用城乡居民收入水平及其生活质量差异状况来反映。随后不同学者结合不同的专业背景以及对城镇化发展质量内涵的理解，提出了不同的指标体系。如陈鸿彬（2003）等学者基于社会经济因素构建了多层次复合型指标体系；王家庭（2009）等学者构建了以经济指标、环境指标、社会指标以及城镇化水平为主的评价体系；郝华勇（2012）构建了包含居民生活、经济绩效、基础设施、社会发展、生态环境、城乡统筹、空间集约七个方面的城镇化质量综合指标体系；张春梅（2012）等学者则从经济、民生、可持续发展和城乡统筹四个方面构建了评价体系。此外还有其他学者也针对城镇化发展质量的问题提出了自己的看法，进行了不同尺度的实证研究（郭叶波，2013；孙长青，2013；王怡睿，2017）。

对城镇化发展质量评价体系的文献进行分析，可以发现：

（1）现有的城镇的质量评价基本覆盖经济发展、社会发展、城乡统筹、生活方式、生态文明等内容，城镇化评价指标内容相对齐全，种类差异相对较小。但由于学科背景不同，学者们对城镇化质量内涵的理解并未形成一致看法，直接影响到评价指标的选取及其对城镇化质量的测度分析。

（2）目前研究多侧重于城镇化质量研究，对于其发展协调度的研究相对较少。随着国家新型城镇化规划的出台，以城乡统筹、产城一体、资源集约、和谐发展为主要特征的城镇化成为主要目标，城镇化协调性是关键问题。正如本书在概念界定部分所说，健康的城镇化需要综合考量城镇化进程中社会经济发展、城乡建设发展的速度与质量的协调发展程度，因此本书在构建城镇化质量评价体系时主要综合考量经济发展、社会发展、生态环境和创新发展四个方面。

2.3.3　城镇化水平评价

城镇化水平评价研究是城镇化研究的基本内容，通过城镇化水平的研究可以了解城镇化发展的现状和水平高低，从而为城镇化发展策略的制定提供依据。目前来说并没有统一的城镇化水平评价或测度的方法，官方常用的方法主要是用城镇化率（即城镇人口或非农人口的占比）来表征城镇化水平。这种方法虽然简单易于操作，数据也便于获取，但忽略了城镇化进程中社会、经济、文化、生活方式等诸多方面的变化，因而与真实的城镇化水平存在较大差异。学术界来说，普遍倾向于采用综合指标来评价城镇化发展水平。

国外学者一般通过选取用地规模与密度、人口规模与密度、通勤时间等多指标来判断城镇化水平的高低。例如 David（1998）等学者从用地规模、人口规模和人口密度三方面构建城镇化水平评价体系，并基于评价结果划分城镇地区；Sanjib（1983）等学者将人口变化、人口密度、居住区和商业区的密度作为城镇化水平的判定指数；Hirotsugu（1982）等学者则根据通勤时间、人口密度和城市人口规模区分城市与乡村。

国内最早对城镇化水平进行研究的是吴友仁教授（吴友仁，1979），他在其《关于中国社会主义城市化问题》一文中提出城镇化水平主要是指城镇人口（非农人口）的占比，并基于当时的粮食增产速度和粮食商品率对2000年我国的城镇化水平作了预测。随后国内学者对城镇化水平的测度提出了各种不同的测算方法，概括起来主要包括单一指标评价法和复合指标评价法两种。单一指标通常是选取城镇人口（非农人口）比重，虽然易于统计和计算，但只是反映了城镇化某个方面的水平,难以全面表征城镇化发展水平;复合指标评价法通常是从城镇化定义出发,构建包含社会、经济、人口、文化等多个方面的综合指标体系,并通过不同的加权计算判定综合城镇化水平。如刘耀彬、陈志(2005)等通过选取城镇非农人口占比和非农从业人口占比两个主要指标来测度中国省区层面城镇化水平实际值,在此基础上利用灰色关联度模型筛选出影响各省区城镇化水平的影响因素。王洋、方创琳(2012)等基于县域尺度,通过选取人口、经济和社会3个一级指标与11个二级指标构建城镇化综合评价体系,对全国县级单元的城镇化水平进行综合评价;基于评价结果将全国划分为不同的城镇化水平区,并进一步分析不同城镇化类型区的驱动力。刘兆德,刘强(2017)等基于全国31个省(市、自治区)2005—2014年十年的面板数据,通过选取人口、土地经济和社会4个一级指标与9个二级指标构建中国城镇化综合水平测度的指标体系,运用熵权法确定各指标权重并计算出各样本城镇的城镇化综合水平指数,在此基础上运用面板数据模型,对影响我国省域城镇化综合水平时空差异的主要指标进行回归分析。肖峰、韩兆洲(2017)等基于新型城镇化的内涵,通过选取5个一级指标和17个二级指标构建新型城镇化指标体系对全国30个地区2005—2014年的新型城镇化水平进行了测度;在此基础上,通过空间自相关模型,对新型城镇化进程进行空间动态分析。周虹、刘文昊(2017)以长江中游城市群为例,通过选取社会发展、经济发展、生活质量、基础设施、生态环境和城乡统筹等6个一级指标和16个二级指标构建城镇化水平评价体系,运用主成分分析法确定各指标权重,并结合长江中游城市群进行实证研究。

总结起来,目前关于城镇化发展水平的指标体系繁多,这些方法最主要的区别在于各指标权重确定的准则不同,常见的权重确定方法有主成分分析法、层次分析法、熵权法等。其中层次分析法比较主观,容易受到评价过程中的随机性和评价专家主观上的不确定性及认识上的模糊性影响;熵值法和主成分法相对客观,但主成分法损失的信息有时会较多。考虑到城镇化水平评价的各项指标计量单位并不统一,为了相对客观地解决各项不同质指标值的同质化问题,采取熵值法来确定不同评价指标的权重。

2.3.4 城镇化协调性评价

城镇化的协调性问题也称可持续性问题,一直受到学者们的重点关注,已有成果多从工业化、人口、土地产业等与城镇化发展是否协调等视角展开研究,可概括为定性和定量研究两大类。

从定性研究的角度,辜胜阻等(2009)基于城乡劳动流动的视角研究了中国城镇化和工业化是否协调发展,提出从坚持外造环境与内强素质、分步实施与分类指导、鼓励农民工回归和推进市民化、促进劳动力市场一体化和待遇平等化、发展大都市圈和发展县城为中心的农村城镇化"五个并重"来促进工业化和城镇化的协调发展。姚士谋等(2011)从资源环境基础的视角分析了中国城镇化速度和规模是否协调。Chen等(2015)从人口和土地城镇化协调发展的角度分析了中国城镇化的现状,并从促进农民工市民化、引导人口向中小城市流动等方面给出了提升人口城镇化和土地城镇化协调性的具体建议。

在定量分析方面,李国平(2008)运用城镇人口比重和农业劳动力份额的变动值之间的比率评价了中国各地区城镇化和工业化是否协调。曹文莉等(2012)从系统论的角度对人口、土地和经济城镇化的协调性进行了研究。张春梅等(2013)借助象限图法对江苏省城镇化质量和规模协调性展开了定量研究。李涛等（2015）从土地、人口、产业 3 个维度对重庆市城镇化的耦合协调性展开了研究。但是，由于城镇化本身就是一个复杂的系统，协调性也是一个综合的概念，不同学者的研究结果并不完全一致。如 Chang 等（2006）分析了 1978 年以来中国人均收入和城镇化之间的比率关系，认为近年经济的快速发展导致了城镇化的滞后；Chen 等（2013）发现，1960—2010 年中国城镇化水平同经济发展整体协调，2004 年后的快速发展则与经济发展速度密切相关。Li 等（2012）采用耦合协调度模型分析了连云港市 2000—2008 年的城镇化水平与生态环境之间的关系，发现城镇化水平与生态环境的耦合协调度随时间呈 U 型曲线；Wang 等（2014）发现京津冀人口城镇化和生态环境间的耦合协调度随时间呈 S 形曲线；李小帆等（2016）从城乡、产城、区域和城镇化与资源环境 4 个方面衡量长江经济带 105 个地级城镇化的协调性，并运用泰尔系数和探索性空间分析考察协调性的空间差异和时空演化；马静（2016）等以长江中游城市群为例，从经济、社会和生态空间三个方面分析了各城市发展协调度，在此基础上对其区域内差异性进行了分析；Libang Ma（2018）等以山丹县为例，通过构建新型城镇化发展协调度模型分析了其 2000—2014 年人口城镇化与土地城镇化协调度。

综合看来，现有研究成果多从某一视角对城镇化协调性的某一方面展开研究，专门针对城镇化进程中的城镇化质量与规模的研究仍比较少。虽然部分学者已经注意到这一点，也尝试探讨城镇化发展规模与发展质量的关系，但更多还是停留在定性的探讨层面，仅有的少量定量研究也都是采用象限图法进行协调性评价，这种方法一方面在城镇化质量和规模的协调关系类型划分上主观性较大，影响研究的结果；另一方面，该方法无法较好地反映城镇化协调发展水平的偏离程度和发展趋向。本书基于此角度进行研究以期有所突破。

2.3.5 小结

目前关于我国城镇化发展指标的研究文献繁杂,不同学者结合自身学科背景提出了各种不同的指标体系和研究方法,为我国城镇化发展的评价研究奠定了扎实的基础和丰富的方法借鉴。总的来看,学者们更加倾向于用复合或者综合的指标体系,虽然不同学者研究的侧重点有所区别,研究的题目也有所区别("城镇化水平""城镇化质量"或"城镇化可持续性"),但实质上都是从社会经济、生态环境、福利水平等方面来综合评估城镇化,选取的评估指标也是大同小异。目前这种偏城镇化质量和水平的评估,一方面忽视城镇化过程中"质量"与"规模"这一组重要因素的互动作用,另一方面目前城镇化评价的相关方法也难以从时间和空间两个维度动态地描述城镇化的发展过程和发展趋向。另外从研究的尺度上来说,目前在对城镇化发展评价的相关研究上都是以区域尺度(城市群、都市圈)和省域尺度为主,对全国尺度的研究较少,仅有的少量全国尺度的研究也都是展示我国城镇化水平在省级层面上的地域差异,忽略了省内不同城镇间城镇化水平的非均质性。

因此本书在构建城镇化协调发展水平评估的理论模型时,以全国尺度作为研究范围,从城镇化发展质量和发展规模两大维度构建城镇化协调发展水平测度模型,以此反映我国城镇化水平及其动态发展趋势。

2.4 城镇化空间效应相关研究

地理学认为空间是自然属性与社会属性的统一,主要研究自然、人文现象的空间关系和一般规律，地理学角度对空间的认识是学者开展区域城镇化空间研究的理论基础。

城镇化空间效应的研究最早开始于对城镇化聚集效应的研究。早在20世纪60年代，Mills（1967）通过对城市聚集效应所带来的边际收益与边际成本的比较，建立了城市最优聚集规模的一般均衡模型。此后，Henderson（1982）、Sullivan（1983）、Beeson（1987）和Abdel Rahman（1990）等人将城市的聚集效应直接视作城市人口的递增，利用相似的分析框架对城市系统的增长及其最优规模进行了研究。Knox & McCarthy（1994）认为，城市所具备的聚集效应和规模效应使得城市化的发展成为必然，原因是城市的聚集效应可以创造充足的工作机会，促进劳动力向城市的集中；Dobkins & Ioannides（2001）的研究也发现，新的城市如果邻近其他城市的话，则发展较快，且相邻城市的增长率是相互紧密依存的。

相比之下，国内学者对城镇化空间效应的研究起步较晚。随着中国城市化进程的加快，这一问题逐渐引起了国内学者的注意，研究成果也逐渐增多。目前的研究大体按照两条思路展开：一是规范分析，这些研究主要通过城市化发展、产业集中等方面，定性地分析城市化过程中形成的聚集效应和辐射效应（祁金立，2003；张昆仑，2003；冯云廷，2004；苏雪串，2004；苗丽静等，2007）；二是实证分析，主要从人口、经济和社会的角度，通过模型定量分析中国城市化的聚集效应和地区收敛及其影响因素（王小鲁，2010；王家庭，2009；马鹏，2010；戴永安，2010）。值得一提的是，程开明（2008）、蒋伟（2009）、吕健（2011）等人把地理空间思想引入实证研究之中，通过空间计量模型分析了中国城市化的空间聚集特征。

国内外现有的研究为我国城镇化空间效应研究的开展和深化奠

定了扎实的研究基础，提供了方法借鉴。从现有的研究来看，通过定量化的模型分析，并将空间效应的分析落在地理空间上，以此分析城镇化发展在空间尺度上的聚集和辐射效应成为研究趋势。从研究的尺度上来看，现有的研究更多是从全国分省区层面或者某个特定区域开展，较少涉及地级市尺度的研究。基于此，本书借助相关空间计量模型，探讨全国地级市尺度下的城镇化发展水平空间效应。在分析各样本城镇的聚集效应和辐射效应的基础上，进一步探讨城镇化的空间格局演化的影响因素，作为城镇化空间效应的佐证。

第3章
研究区概况及城镇化发展现状

3.1 研究范围和研究尺度界定

本书以中国大陆地区为研究范围。考虑到省域尺度内部差异性较大，省域尺度的城镇化水平研究难以反映各地区城镇化发展的真实情况；从理论上说，县域尺度更难反映地区间城镇化协调发展水平的分异程度，但受到统计数据的限制，县级行政区层面的数据存在大量缺失。因此本书选取地级行政区作为研究尺度。

参考《中国城市统计年鉴》，以2005年全国城市行政区划和区域分布格局为基准，研究时间段为2005—2015年[①]。地级行政区尺度的研究样本共包括中国大陆地级行政区直辖市4个，地级市282个，共计样本城市286个（表3-1）[②]。

[①] 在研究搜集数据时发现2005年之前各指标数据存在大量的缺失，在兼顾数据的可获得性和研究时间段跨度的基础上，最终选取了2005—2015年近11年时间段作为本书研究的时间段。
[②] 说明：为统一统计口径，避免由于行政区划调整带来的影响，在划分时做出如下调整：1.为了避免地级行政区划调整对整体结果的影响，研究范围以2005年全国行政区划格局为基准；2.为了避免由于安徽省撤销原地级市巢湖市（2011年）带来的影响，统一采用巢湖市撤销后的行政区划格局进行各类统计数据和分析；3.台湾省、香港特别行政区及澳门特别行政区不在研究范围内。

研究区范围列表 表 3-1

北京（直辖市 1 个）							
天津（直辖市 1 个）							
上海（直辖市 1 个）							
重庆（直辖市 1 个）							
辽宁省（14 个）							
沈阳	大连	鞍山	抚顺	本溪	丹东	锦州	营口
阜新	辽阳	盘锦	铁岭	朝阳	葫芦岛		
吉林省（8 个）							
长春	吉林	四平	辽源	通化	白山	白城	松原
黑龙江省（12 个）							
哈尔滨	齐齐哈尔	牡丹江	佳木斯	大庆	伊春	鸡西	鹤岗
双鸭山	七台河	绥化	黑河				
河北省（11 个）							
石家庄	唐山	秦皇岛	邯郸	邢台	保定	张家口	承德
沧州	廊坊	衡水					
山西省（11 个）							
太原	大同	阳泉	长治	晋城	朔州	晋中	忻州
临汾	运城	吕梁					
内蒙古自治区（9 个）							
呼和浩特	包头	乌海	赤峰	呼伦贝尔	通辽	乌兰察布	鄂尔多斯
巴彦淖尔							
江苏省（13 个）							
南京	无锡	徐州	常州	苏州	南通	连云港	淮安
盐城	扬州	镇江	泰州	宿迁			
浙江省（11 个）							
杭州	宁波	温州	绍兴	湖州	嘉兴	金华	衢州
台州	丽水	舟山					
安徽省（16 个）							
合肥	芜湖	蚌埠	淮南	马鞍山	淮北	铜陵	安庆

续表

安徽省（16个）							
黄山	阜阳	宿州	滁州	六安	宣城	池州	亳州

福建省（9个）							
福州	莆田	泉州	厦门	漳州	龙岩	三明	南平
宁德							

江西省（11个）							
南昌	赣州	宜春	吉安	上饶	抚州	九江	景德镇
萍乡	新余	鹰潭					

山东省（17个）							
济南	青岛	淄博	枣庄	东营	烟台	潍坊	济宁
泰安	威海	日照	滨州	德州	聊城	临沂	菏泽
莱芜							

河南省（17个）							
郑州	开封	洛阳	平顶山	安阳	鹤壁	新乡	焦作
濮阳	许昌	漯河	三门峡	商丘	周口	驻马店	南阳
信阳							

湖北省（12个）							
武汉	黄石	十堰	荆州	宜昌	襄阳	鄂州	荆门
黄冈	孝感	咸宁	随州				

湖南省（13个）							
长沙	株洲	湘潭	衡阳	邵阳	岳阳	常德	益阳
张家界	娄底	郴州	永州	怀化			

广东省（21个）							
广州	深圳	珠海	汕头	佛山	韶关	湛江	肇庆
江门	茂名	惠州	梅州	汕尾	河源	阳江	清远
东莞	中山	潮州	揭阳	云浮			

续表

广西壮族自治区（14个）							
南宁	柳州	桂林	梧州	北海	崇左	来宾	贺州
玉林	百色	河池	钦州	防城港	贵港		

海南省（2个）							
海口	三亚						

四川省（18个）							
成都	绵阳	自贡	攀枝花	泸州	德阳	广元	遂宁
内江	乐山	资阳	宜宾	南充	达州	雅安	广安
巴中	眉山						

贵州省（4个）							
贵阳	六盘水	遵义	安顺				

云南省（8个）							
昆明	昭通	曲靖	玉溪	普洱	保山	丽江	临沧

西藏自治区（1个）							
拉萨							

陕西省（10个）							
西安	铜川	宝鸡	咸阳	渭南	汉中	安康	商洛
延安	榆林						

甘肃省（12个）							
兰州	嘉峪关	金昌	白银	天水	酒泉	张掖	武威
定西	陇南	平凉	庆阳				

青海省（1个）							
西宁							

宁夏回族自治区（5个）							
银川	石嘴山	吴忠	固原	中卫			

新疆维吾尔自治区（2个）							
乌鲁木齐	克拉玛依						

3.2 我国城镇化发展概况与现状

3.2.1 中国城镇化发展主要历程

改革开放以来，伴随着工业化进程加速，我国城镇化发展经历了一个"起点低、速度快"的发展过程。从 1978 年到 2016 年，城镇常住人口从 1.7 亿人增加到 7.7 亿人，城镇化率从 17.9% 提升到 56.10%，年均提高 1.02 个百分点；城市数量从 193 个增加到 656 个，建制镇数量从 2173 个增加到 20515 个。随着城镇化进程的推进和城镇化水平的提高，城市的基础设施不断完善，教育、医疗、文化体育、社会保障等公共服务水平明显提高以及人均住宅、公园绿地面积大幅增加。同时城镇化的快速推进，又吸纳了大量农村劳动力转移就业，提高了城乡生产要素配置效率，推动了国民经济持续快速发展，带来了社会结构深刻变革，促进了城乡居民生活水平全面提升，取得的成就举世瞩目。

我国城镇化发展历程始于中华人民共和国建立。中华人民共和国成立初期，由于主要任务是从战争中恢复和建立完善国家各项制度，城镇化发展一直维持在较低水平，加上"大跃进""文化大革命"等错误探索，导致城镇化一直维持在较低水平，城镇化率平均水平均维持在 17% 以下。严格意义上来说，我国真正的城镇化发展始于 1978 年的改革开放。改革开放实现了以国家社会经济发展和各项建设发展为中心的拨乱反正，重新确定以城镇为建设发展的中心。据此，我国城镇化发展进程逐渐加快，城镇化水平不断提高。根据城镇化率的高低、城镇化发展的主要推动力的不同，可以将改革开放以来我国的城镇化发展历程划分为三个主要阶段，具体来说（图 3-1）：

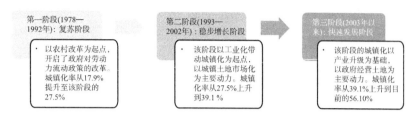

图 3-1　改革开放以来我国城镇化发展三个阶段

（1）第一阶段（1978—1992年）：该阶段为城镇化发展的复苏阶段。1978年改革开放实现了社会经济发展的拨乱反正，重新确立了城镇作为社会经济发展和建设的主体地位，通过相关体制的改革和确定，实现了城镇化进程的快速发展，城镇发展水平得到了快速提升。1978—1992年，我国的城镇化率由最初的17.9%迅速提升到1992年的27.5%。在这一阶段，工业化成为城镇化发展的主要动力，通过工业的发展和相关政策的出台和完善，开启了城乡间劳动的流动，结束了长期以来城乡分割的局面。

（2）第二阶段（1993—2002年）：该阶段为城镇化发展稳步增长的阶段。通过城镇化复苏阶段的恢复和工业化的发展，国家各项建设逐步回归正轨，工业化水平不断提升，工业化发展带来的是城镇化的快速发展，许多工业型城镇率先发展为城镇化发展的先行区域。同时社会主义市场经济体制的改革，为城镇化的发展注入了市场的活力，解决了城镇化发展过程中就业水平低下和城镇建设资金不足的问题，城镇化发展得到了长足且稳定的发展，城镇化发展水平再次得到提升。1993—2002年，全国城镇化率从27.99%增长到39.1%，突破了30%的关键点，由城镇化发展的初期阶段进入城镇化发展的加速阶段。

（3）第三阶段（2003年以来）：该阶段为城镇化发展的加速时期或高速增长时期。市场经济体制的建立，激活了社会经济的发展，在城镇化发展上，城市土地的市场化经营，为城镇化发展积累了大量的财政资金，也带动了城镇规模的扩张和发展，成为这一时期城镇化发展的主要动力，城镇化率在这一时期得到快速提升，由 2003 年的 39.1% 增加到 2016 年的 56.10%。但长期以来的土地财政和"摊大饼"式的发展方式的弊端也日益明显，造成了城市资源的浪费和各类城市问题的产生，影响了城镇化的健康发展。在此背景之下，实现城镇化发展由数量和规模增长向质量提升的转变则显得尤为必要。

3.2.2 中国城镇化发展现状特征

根据世界城镇化发展的普遍规律，我国仍处于城镇化率 30%—70% 的快速发展区间内。在城镇化发展的进程中，如果延续过去传统粗放的城镇化模式，只会带来产业升级缓慢、资源环境恶化、社会矛盾增多等诸多风险，可能落入"中等收入陷阱"，进而影响现代化进程。随着我国内外部环境和条件的深刻变化，城镇化必须进入以提升质量为主的转型发展新阶段。从当前我国城镇化发展现状来看，主要呈现以下特征：

（1）城镇化整体水平稳步提高，但与发达国家相比仍处于中等水平

改革开放以来，我国的城镇化发展水平实现了长足稳定的发展，城镇化率更是实现了长达 30 年之久的持续高速增长，城镇化进程的加快和城镇化水平的提升，直接带来的是城市人口规模的增加、土地规模的扩张和社会经济的快速增长。但与发达国家相比，我国的城镇化发展水平仍处于世界城镇化发展水平的中等水平。具体来说，我国当前的人均国民生产总值所对应的城镇化发展水平远低于世界大多数的发达国家。发达国家在与我国当前

人均国民生产总值水平时，对应的城镇化水平在85%左右，而我国只有56%，这说明我国当前的城镇化发展水平仍有待提高。另外，从城镇化发展水平与工业化的关系来看，美国学者 霍利斯·钱纳里（Hollis B. Chenery）认为在一国或地区城镇化的过程中，城镇化的发展水平通常是快于工业化的发展的。根据欧美等发达国家的经验，当工业化发展水平达到30%的时候，城镇化发展水平通常处于40%左右，而当工业化发展水平达到40%的时候，城镇化发展水平则会达到75%左右。从我国现状来看，我国的工业化发展水平已经超过了40%，但我国的城镇化发展水平才达到56%左右，由此可见，我国城镇化过程中工业化的发展对城镇化水平提升的作用仍有待进一步挖掘和释放，城镇化发展水平有待进一步提高。

（2）不同地区之间、城乡之间的发展差距逐渐缩小

随着我国城镇化进程的推进和城镇化水平的不断提升，不同区域的城镇化发展差异逐渐减小。从城乡之间的差距来看，随着近些年国家对乡村地区发展的重视，乡村地区得到了快速的发展，尤其是在基础设施建设、农村医疗合作、教育资源共享上取得了较大的进步。城乡二元结构关系有所缓和与改善，城乡之间的差距趋于缩小；从不同地域空间之间的差距来看，目前东部地区的城市化水平普遍高于中西部地区。从短期看，东部地区的城镇化发展速度仍然要高于西部地区，东部地区年均增长为1.08个百分点左右，而西部地区只有0.71个百分点。未来城市化发展较快的省份仍然主要分布在东、中部地区。从发展的趋势看，尤其是近年来，我国加大了城镇化的推进力度，特别是对西部地区发展经济的大力支持，使我国的城镇化发展得到了较大的提升，不同区域间的城镇化差距的扩张趋势也得

到了一定的扼制和缓和。

（3）城市连绵化特征日益明显

随着城镇化的发展和推进，城市在地域分布上呈现出聚集和联合的发展态势，从而形成空间组织紧凑、联系紧密的一体化城市群体，即城市组群。从我国目前的发展现状来看，我国已形成的且较为成熟的城市群主要有长江三角洲城市群、珠江三角洲城市群、京津冀城市群、中原城市群、长江中游城市群、成渝城市群、哈长城市群、辽中南城市群、山东半岛城市群、海峡西岸城市群、北部湾城市群、关中平原城市群、滇中城市群等。其中，长江三角洲、珠江三角洲、京津冀三大城市群，以2.8%的国土面积聚集了全国18%的人口，创造了36%的国内生产总值，成为带动我国经济快速增长和参与国际经济合作与竞争的主要平台。

（4）强调城镇化发展与生态环境的协调统一

在我国城镇化快速发展的过程中，各种人为或自然的原因导致了各类城市病问题的产生，其中以生态环境问题最为突出。在过去的城镇化发展过程中，尤其是城镇化起步阶段，对生态环境的重要性认识不足，走"先污染后治理"的传统路子，造成了各类生态环境问题的加剧。生态环境问题的存在影响了城镇化发展的质量。近几年来，中央政府转变发展思路，将生态环境的治理摆在了重要的位置，尤其是在"十九大"报告中，更是将生态环境的保护上升到国家战略。在未来的城镇化过程，强调城镇化发展与生态环境的协调统一将是我国城镇化发展的必然之举，以此不断提高城镇化发展质量，促进城镇化协调发展。

（5）城镇化转型发展的基础条件日趋成熟

改革开放30多年来我国经济快速增长，为城镇化转型发展奠定了良好物质基础。国家着力推动基本公共服务均等化,为农业转移人口市民化创造了条件。交通运输网络的不断完善、节能环保等新技术的突破应用,以及信息化的快速推进,为优化城镇化空间布局和形态,推动城镇可持续发展提供了有力支撑。各地在城镇化方面的改革探索,为创新体制机制积累了经验。

3.2.3 当前城镇化发展中存在的问题

在我国当前城镇化快速发展过程中,也存在一些必须高度重视并着力解决的突出矛盾和问题。主要体现在以下几个方面:

(1)大量农业转移人口难以融入城市社会,市民化进程滞后

目前农民工已成为我国产业工人的主体,受城乡分割的户籍制度影响,被统计为城镇人口的2.34亿农民工及其随迁家属,未能在教育、就业、医疗、养老、保障性住房等方面享受城镇居民的基本公共服务,产城融合不紧密,产业聚集与人口聚集不同步,城镇化滞后于工业化。城镇内部出现新的二元矛盾,农村留守儿童、少子化和老龄化问题日益凸显,给经济社会发展带来诸多风险隐患。

(2)"土地城镇化"快于"人口城镇化"

一些城市"摊大饼"式扩张,过分追求宽马路、大广场,新城新区、开发区和工业园区占地过大,建成区人口密度偏低。从2005年至2015年,全国城市建成区面积由32 520.7 km^2 增加到52 102.3 km^2,建成区面积增长了61.09%;城镇人口比重由42.99%增加到56.10%,人口城镇化率仅增加了13.11%。一些地方过度依赖土地出让收入和土地抵押融资推进城镇建设,加剧了土地粗放利用,浪费了大量耕地资源,威胁到国家粮食安全和生态安全,也加大了地方政府性债务等财政金融风险。

（3）城镇空间分布和规模结构不合理，与资源环境承载能力不匹配

东部部分城镇密集地区资源环境约束趋紧，中西部资源环境承载能力较强地区的城镇化潜力有待挖掘；城市群布局不尽合理，城市群内部分工协作不够、集群效率不高；部分特大城市主城区人口压力偏大，与综合承载能力之间的矛盾加剧；中小城市聚集产业和人口不足，潜力没有得到充分发挥；小城镇数量多、规模小、服务功能弱，这些都增加了经济社会和生态环境成本。

（4）城市管理服务水平不高，"城市病"问题日益突出

部分城市在城镇化发展的过程中由于人为或自然的原因导致城市无序开发和增长、人口过度聚集，对城市生态环境均造成了较大的破坏。同时在城镇化的过程中，重城市建设、轻管理服务，交通拥堵等问题也日益突出，公共安全事件频发，城市污水和垃圾处理能力不足，大气、水、土壤等环境污染加剧，城市管理运行效率不高，公共服务供给能力不足，城中村和城乡接合部等外来人口聚集区人居环境较差。

（5）相关体制机制不健全，阻碍了城镇化健康发展

现行城乡分割的户籍管理、土地管理、社会保障制度，以及财税金融、行政管理等制度，固化着已经形成的城乡利益失衡格局，制约着农业转移人口市民化，阻碍着城乡发展一体化，不利于城镇化健康协调发展。

（6）城镇化发展面临的外部挑战日益严峻

在全球经济再平衡和产业格局再调整的背景下，全球供给结构和需求结构正在发生深刻变化，庞大生产能力与有限市场空间的矛盾更加突出，国际市场竞争更加激烈，我国面临产业转型升级和消化严重过剩产能的巨大挑战；发达国家能源资源消费总量居高不

下，人口庞大的新兴市场国家和发展中国家对能源资源的需求迅速膨胀，全球资源供需矛盾和碳排放权争夺更加尖锐，我国能源资源和生态环境面临的国际压力前所未有，传统高投入、高消耗、高排放的工业化城镇化发展模式难以为继。

第4章
城镇化协调发展水平测度及空间效应理论模型的构建

4.1 城镇化协调发展水平测度理论模型构建

系统理论主张任何事物都是一个系统。所谓系统，就是相互联系、相互制约、相互作用的元素组成的具有一定结构和功能的整体，其功能取决于它的组成部分以及这些部分之间的相互关系。按照马克思主义的观点，社会本身是个开放的复杂巨系统，且处于自组织演化之中。社会系统包含了经济、政治、法制、文化、教育、卫生等诸多子系统，每个系统都以其他子系统和地理环境作为自己的环境而处在不断发展变化之中（魏宏森，1995）。城市作为人类社会的产物，其本身也是一个不断演化发展的自组织系统。城镇化协调发展水平作为衡量城市巨系统在城镇化发展过程中健康和合理与否的评价标准，同样受到由不同的社会经济因素组成的子系统的影响和限制。根据本书在概念界定部分对城镇化协调发展水平的定义，城镇化协调发展水平由城镇化质量与城镇化规模共同组成，它们是组成城镇化协调发展水平系统的两个主要方面，城镇化发展质量与城镇化规模的相互作用组成了城镇化协调水平提升的内部机制。

改革开放以来，我国城镇化实现了快速的发展，自1996年开始我国城镇化率突破30%，进入了城镇化快速发展的加速阶段。在我国当前城镇化快速发展的过程中，一方面是大量农村人口涌入城镇，农村地区不断减少而城镇规模不断扩大，这一阶段是城镇化发展的初级阶段，是城镇化进程中"量"的扩张的过程；另一方面是城镇地区的现代化，这一阶段是城镇化进程中"质"的提升过程。值得注意的是，这两个方面的城镇化进程提升并没有先后之分，应该是同时进行的（侯学英，2008）。正如前面概念界定部分所说，健康的城镇化进程应是量的扩张与质的提升相互协调的过程，这也是城镇化协调发展的关键所在。认识到健康的城市化进程应是量的扩张与质的提升相互协调的过程，对于我国城镇化发展，尤其是现阶段城镇快速发展阶段，具有重要的指导意义。这是因为，我国刚刚进入城镇化快速发展阶段，面对层出不穷、日益严峻的城市问题，我们既不可能像发达国家那样在进入城镇化发展成熟期后利用大量资金进行治理，也不能像后发展国家那样面对各类城市问题束手无策。我们必须认识到城镇化过程不是一个短期的过程，而是人类生产和生活方式由乡村型向城镇型转化的历史过程，它不仅表现为乡村人口向城镇人口转化、城市城镇的增加、城镇用地规模的扩大，可以说，我国当前阶段的城镇化发展过程是一个包含着城镇规模不断扩大和城镇化发展质量不断提升的发展过程。

在城镇化发展的过程中，由于受到不同社会经济发展水平的影响，恒斜率的城镇化发展路线基本不存在。一方面，受到城市行政边界和城市用地的限制，城市规模不会无限地增长，在达到一定规模尺度之后会维持在一个稳定的水平状态，因此从这一点上来说，城镇化发展规模是不会无限制地增长的，在达到一定规模之后会趋于稳定，增长幅度不明显，尤其是城镇的土地规模表现得最为明显。另一方面，代表城镇化发展质量的社会经济水平、文化和科技创新等要素理论上是可以趋于无穷的，因此从理论上来说，城镇化发展质量水平的提升可以是无限的。相关学者的研究表明，城镇化发展规模和城镇化发展质量存在着正相关关系（Alonso，1997；周一星，

1988；Alig & Kline，2004；侯学英，2008；席强敏，2012；郭宇光，2015）。

基于此，本书认为，在我国当前阶段的城镇化进程中，城镇化发展质量与城镇化发展规模之间存在着相互依存、相互影响的作用机制，二者之间的协调发展是城镇化协调水平持续提升的关键。因此，我们可以将城镇化协调发展水平定义为"内在"体现和"外在"体现两个方面，其中"内在"体现主要为城镇化发展质量的提升，而"外在"体现则主要为城镇化发展规模的扩张。具体来说两者间存在着如下关系（图4-1）：

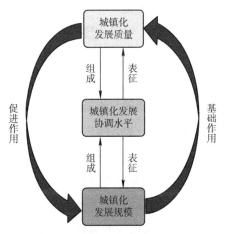

图 4-1　现阶段我国城镇化发展规模与发展质量关系示意图

（1）一方面，城镇化发展规模对城镇化发展质量的提升具有基础性作用，城镇化质量的持续提升以城镇化规模的适宜扩张为前提条件。社会经济的发展在空间上会呈现出聚集和辐射的特征，城市作为社会经济发展的主要空间载体，城市规模的扩张即为社会经济聚集效应增强的过程。在城市发展规模扩张的过程中，会对其周边城镇和区域产生辐射效应，这表现在人口规模的增加、城市用地规模的增加、城市经济的增长等方面。城镇化发展规模的聚集和辐射效应会为城镇化的发展创造更多的物质财富,这也为城镇化发展质量的提升提供了强大的物质基础。当然,城镇化发展规模也并非越大越好,由于规模效应的存在,当城镇化发展规模超前于城镇化发展质量时,便会造成社会福利、公共服务等跟不上城镇规模扩张的步伐,从而影响城镇化发展协调水平。同时,这种盲目的城镇规模扩张,更会造成城市资源的浪费,其结果是城镇化协调发展的疲软。

(2)另一方面,城镇化发展质量对城镇化发展规模的适宜扩张可以发挥促进性作用,城镇化发展规模的适宜扩张以城镇化发展质量的持续提升为重要条件。城镇化协调发展的核心是生活在城镇中的居民,也就是其本质是实现以人为本的城镇化。城镇社会福利的完善、公共服务水平的提升、生态环境的改善、文化生活的丰富等都是以人为本的城镇化的体现,更是城镇化发展质量的重要组成方面,这些方面的改善和提升势必吸引更多人口的转移,增加城镇的人口规模和土地规模,对城镇社会经济的发展也会产生重要的影响。由此可见,城镇化发展质量的提升在一定程度上会促进城镇发展规模的扩大。但同样,城镇化发展质量也并非越高越好,若城镇化发展质量超前于城镇化发展规模也会影响城镇化协调发展水平,它虽不像城镇化规模那样会导致城镇盲目扩张,但它实际上造成了相对有限资源的紧张,也会影响该地区或城镇的城镇化协调发展。

正如一枚硬币的正反面一般,城镇化发展规模和城镇化发展质量就是综合协调发展水平这枚硬币的两个方面,两者构成了城镇化协调发展水平的主要内容,城镇化质量与城镇化规模的发展状况共同决定了城镇化协调发展水平的高低。一般来说,在实际的城镇化发展的进程中，由于受到社会经济等不同要素的影响，城镇化发展发展质量和发展规模很难做到"亦步亦趋"的同步性的发展，也就是说城镇化协调发展水平会存在不同程度的上下浮动。但只要将其控制在合理的范围之内，便可较好地实现城镇化的协调发展。因此，在评价一个城镇或者地区的城镇化协调发展水平时，需要从综合城镇化发展的质量水平和规模水平两大方面进行综合评价考虑。另外，考虑到城镇化进程中的"短板效应"①，尤其需要关注两者中发展水平相对滞后的一方。本书中对城镇化协调发展水平的概念界定以及相关理论模型的构建都是基于这一点。

4.1.1 城镇化发展质量测度体系构建

在梳理国内外学者关于测度城镇化发展质量的指标体系基础上，结合概念界定部分对城镇化发展质量作出的概念界定，以研究对象和研究角度为出发点，从经济发展质量、社会发展质量、生态环境质量、创新水平质量四个维度构建测度城镇化发展质量的指标体系。

经济发展质量对提升城镇化发展质量起着重要作用。经济学家 Hollis B. Chenery（1975）利用多国模型测度了 101 个国家和地区不同 GDP 对城镇化协调发展水平的影响，从而得出经济对城镇化发展具有强劲推动力。经济的发展使得各种发展要素不断地聚集，从而扩大城市规模。经济发展质量的重要地位体现在对城市发展的物质保障、对城市产业优化升级、对城市高效、健康、可持续发展方面。

---

① 短板效应（又称水桶原理）是由美国管理学家彼得提出的。说的是由多块木板构成的水桶，其价值在于其盛水量的多少，但决定水桶盛水量多少的关键因素不是其最长的板块，而是其最短的板块。这就是说任何一个组织，可能面临的一个共同问题，即构成组织的各个部分往往是优劣不齐的，而劣势部分往往决定整个组织的水平。

本书选用人均地区生产总值、城镇居民人均可支配收入、人均地方财政收入、城镇人均消费性支出、社会消费品零售总额、全社会固定资产投资总额、非农产业增加值占地区生产总值比重、实际利用外资占比、进出口总额占比等指标来测度城镇化发展的经济发展质量。

社会发展质量反映的是全民的生活、工作的社会关系、社会组织和社会环境。社会发展质量的提高是城镇化发展的必然要求，同时也是城镇化进程中的必然趋势。1996年联合国人居署在《伊斯坦布尔人居宣言》（Istanbul Declaration on the Human Settlement）中指出："城市必须成为人类能够过上有尊严、健康、安全、幸福和充满希望的美满生活的地方"。说明社会发展的最终目的是为人类提供舒适、便捷、健康的生活环境。社会发展质量主要涉及社会保障水平、基础设施建设、教育卫生水平发展等。在此基础上选用城市人均道路面积、城市每万人拥有的公共汽车、每万人拥有的医生数、每万人拥有的医院床位数、每万人公共图书馆藏书、普通高等学校数量、互联网用户数、城镇恩格尔系数、城镇登记失业人员比重、社会保险覆盖率、教育事业经费支出占地方财政支出比重等指标来测度城镇化发展的社会发质量。

生态文明建设在城镇化发展中越来越重要，经济发展与科技发展为生态文明建设提供了物质基础，而生态文明的建设又为城市的可持续发展提供了坚实的保障。健康的生活环境是提高居民生活质量的重要因素，同时也是城镇化发展的主要标准之一，要综合提升城镇化发展质量，必须重视生态文明建设，加强生态环境保护，认真贯彻落实可持续发展战略。在此背景下，本书选择工业废水排放总量、工业二氧化硫排放量、一般工业固体废物综合利用率、污水处理厂集中处理率、生活垃圾无害化处理率、人均公园绿地面积、建成区绿化覆盖率来测度城镇化的环境发展质量。

第4章 城镇化协调发展水平测度及空间效应理论模型的构建

创新是国家进步的不竭动力,是知识经济的核心。创新驱动主要是根据我国现有国情自主创新,充分发挥科技创新对社会经济的支撑和带动作用,提升科技创新对经济、社会、环境的贡献率,从而实现经济、社会、环境协调可持续发展和综合国力不断提升。同时,随着创新水平的提升和技术的升级,也有助于提高城镇的管理水平,改善城市的发展环境和促进城市产业的升级换代,这些都将极大促进城镇化发展规模的增长和城镇化发展质量的提升,从而有助于城镇化协调发展水平的提升。因此,在本书中,选取城镇化创新发展质量的相关表征指标,作为城镇化发展质量的测度指标之一。具体指标上,本书选取科学技术支出占财政支出比重、专利申请数、技术服务和科学研究从业人员数占总从业人口比重指标来测度城镇化创新发展质量水平。

通过以上分析最终构建了城镇化发展质量指标体系的总体框架,具体选取的指标体系如表4-1。

城镇化发展质量评价指标体系 表4-1

准则层	指标层	单位	指标属性
经济发展质量	人均地区生产总值	元	正向
	城镇居民人均可支配收入	元	正向
	人均地方财政收入	元	正向
	城镇人均消费性支出	元	正向
	社会消费品零售总额	亿元	正向
	社会固定资产投资总额	亿元	正向
	城镇居民人均非农产业增加值	元	正向
	实际外商直接投资	万美元	正向
	进出口总额占比(外贸依存度)	%	正向

续表

准则层	指标层	单位	指标属性
社会发展质量	人均城市道路面积	m²	正向
	每万人拥有的公交车数	量/万人	正向
	每万人拥有的医生数	人/万人	正向
	每万人拥有的医院床位数	张/万人	正向
	每万人公共图书馆藏书量	册/万人	正向
	普通高等学校学生数量	万人	正向
	互联网用户数	万户	正向
	城镇恩格尔系数	%	负向
	年末从业人员占地区总人口比重	%	正向
	人均住房面积	m²	正向
	教育支出占地方财政支出比重	%	正向
	城镇登记失业率	%	负向
生态环境质量	工业固体废物综合利用率	%	正向
	生活垃圾无害化处理率	%	正向
	污水处理率	%	正向
	人均绿地面积	m²	正向
	建成区绿化覆盖率	%	正向
创新发展质量	科技支出占地方财政支出比重	%	正向
	专利申请数量	件	正向
	科研技术人员数占总从业人口比重	%	正向

4.1.2 城镇化发展规模测度体系构建

传统的城镇化发展规模通常以地区人口规模来表征城镇化发展规模。但实际上，在城镇化发展过程中不仅仅是城镇人口发生着巨大变化，还包括社会经济、土地等。因此本书在构建城镇化发展规模测度体系时，结合概念界定部分对城镇化发展规模作出的概念界定，主要从人口发展规模、经济发展规模和土地发展规模三方面构建指标体系。具体选取的指标如表4-2。

城镇化发展规模评价指标体系　　　　表4-2

准则层	指标层	单位	指标属性
人口发展规模	城镇常住总人口	万人	正向
	城镇人口占总人口的比重	%	正向
	非农产业就业人口比重	%	正向
	城镇人口密度	人/km^2	正向
经济发展规模	城镇地区生产总值	亿元	正向
	二三产业产值占地区生产总值的比重	%	正向
土地发展规模	城镇建成区总面积	km^2	正向
	城镇建成区面积占区域总面积比重	%	正向
	城市建设用地面积	km^2	正向
	城市建设用地占市区面积比重	%	正向

4.1.3 评价指标的标准化处理与权重确定

城镇化发展规模和发展质量的评价指标涉及社会经济发展、城市建设等不同方面的多种数据，由于不同指标之间的单位、指标属性均存在不同。因此，不能直接对数据进行直接计算，需要对数据进行标准化处理。在指标的属性上，存在着正向和负向两种。其中，数据指标值越大，测算得到的城镇化发展规模水平值和城镇化发展质量水平值也越大，则这类指标属于正向指标；相反，如果指标值越大，城镇化发展规模水平值和城镇化发展质量水平值反而越小，这类指标则称为负向指标。

对于正向指标，其标准化公式为：

$$A_i = \frac{a_i - \{a_{\min}\}}{\{a_{\max}\} - \{a_{\min}\}} \times 100 \quad （公式4-1）$$

对于负向指标，其标准化公式为：

$$A_i = \frac{\{a_{\max}\} - a_i}{\{a_{\max}\} - \{a_{\min}\}} \times 100 \quad （公式4-2）$$

权重值确定方法有多种，包括层次分析法、主成分分析法、德尔菲法、熵权法等。为了减少权重确定中人为主观因素的影响，本书采用熵权法确定各评价指标权重值。熵权法的特点是具有很强的客观性，相对其他主观赋值法，精度较高、客观性更强，能较好地反映评价指标值对评价结果的影响。同时考虑到时间变量的影响，对熵权法作出改进，以便实现不同年份之间的比较，使得分析结果更加合理。改进后的模型如下：

假设原始数据有 t 个年份，m 评价指标和 n 个样本对象，则第 θ 年的矩阵 X 为：

$$X = \begin{bmatrix} X_{11} & \cdots & X_{1m} \\ \vdots & \cdots & \vdots \\ X_{n1} & \cdots & X_{nm} \end{bmatrix} \quad （公式4-3）$$

对原始数据进行标准化处理，可得到新的矩阵 Y：

$$Y = \begin{bmatrix} Y_{11} & \cdots & Y_{1m} \\ \vdots & \cdots & \vdots \\ Y_{n1} & \cdots & Y_{nm} \end{bmatrix} \quad （公式4-4）$$

由此可以计算出第 j 个指标的熵值 e_j：

$$e_j = -k\sum_t \sum_i P_{ij} \ln P_{ij} \quad （公式4-5）$$

$$k = 1/\ln(t \times n) \quad （公式4-6）$$

$$P_{ij} = Y_{ij}/\sum Y_{ij} \quad （公式4-7）$$

基于熵值可以计算权重值：

$$W_j = \frac{1-e_j}{\sum_{j=1}^m (1-e_j)} \quad （公式4-8）$$

其中，X_{ij} 表示第 θ 年第 i 个样本第 j 项评价指标的数值，$\{a_{max}\}$ 和 $\{a_{min}\}$ 分别为所有年份中第 j 项评价指标的最大值和最小值，其中 t 为评价年数，m 为指标数，n 为样本数。

4.1.4 城镇化协调发展水平测度模型

协调是系统之间或者系统组成要素之间良性的相互关系与彼此的和谐一致。协调水平或者叫协调度是度量系统或内部要素间在发展过程中彼此和谐一致的程度，反映了子系统间相互作用的良性耦合程度的大小以及协调状况的好坏程度，体现了系统由无序走向有序的趋势。根据前面对城镇化协调发展水平作出的概念界定，城镇化协调发展水平描述的是城镇化进程中城镇化发展规模和城镇化发展质量的综合协调表现，也就是两者的协调度。城镇化进程中的"短板效应"导致一个地区或城市最终的城镇化协调发展水平高低，取决于城镇化发展质量和发展规模中水平较低的一方，城镇化协调发展水平值的高低取决于城镇化发展质量和发展规模的协调程度，可以说两者是城镇化协调发展水平的两大"维度"。因此在本书中，结合概念界定部分对城镇化协调发展水平作出的定义界定，选取城镇化发展规模与城镇化发展质量两者之间的协调度值（D）的大小来表征城镇化协调发展水平值的高低，即 D 值越大城镇化协调发

展水平越高,城镇化发展越协调;反之,D值越小说明协调发展水平越低,城镇化发展越不协调。具体模型如下:

$$Q_i = \sum_{i=1}^{n} W_n A_n \quad \text{(公式4-9)}$$

$$S_i = \sum_{i=1}^{m} W_m B_m \quad \text{(公式4-10)}$$

$$C_i = \frac{Q_i \times S_i}{(\alpha Q_i + \beta S_i)^2}, C \in [0,1] \quad \text{(公式4-11)}$$

$$D_i = \sqrt{C_i \times (Q_i + S_i)/2} \quad \text{(公式4-12)}$$

其中:

i——指的是某一地区或城市;

n——表示样本城镇个数;

Q_i——表示 i 地区或城市在城市发展质量水平;

S_i——表示 i 地区或城市在城市发展规模水平;

C_i——表示 i 地区或城镇城镇化发展规模与城镇发展质量的耦合度[①];

α、β——分别表示城镇化发展规模和城镇化发展质量的权重参数;在本书中城镇化发展规模和城镇化发展质量是城镇化发展协调水平的两个主要方面,是表征城镇化协调发展水平二维象限的横纵两个坐标系,两者的权重参数应该是均等的;因此,在本书中取 α 与 β 的值均为 0.5;

D_i——表示 i 地区或城市城镇化协调发展水平。

在城镇化发展的实际过程中,由于各个地区或城市面临的社会经济状况和发展条件各不相同,城镇化发展规模和质量很难做到同

---

① 需要指出的是,这里提到的耦合度,它通常是指两个或两个以上的系统或运动方式之间通过各种相互作用而彼此影响以至于联合起来的现象,是相互依赖、相互促进的动态关联关系。但由于耦合度只能反映城镇化发展质量和城镇化发展规模的相关程度,很难体现二者的协调发展水平,在计算结果中可能存在低水平的耦合,这对于研究的意义不大,因此在耦合基础上计算协调度。

步发展。换句话说，绝对的、恒斜率的城镇化协调发展理想路线是不存在的，会出现不同程度的上下浮动。因此，本书中在研究城镇化协调发展水平时认为，应当允许城镇化协调发展水平在一定的"区间域"内变化，落在该区间域内的城镇化协调发展水平是健康的、良性的，而落在该区间域外的城镇化，要么规模超前发展，要么质量超前发展，两者的状态是不协调的。

现实中城镇化协调发展路线由于受到不同社会经济发展驱动力的影响可能是曲折上升的螺旋式曲线。因此，基于上述分析，本书在测度某一城镇或区域的城镇化协调发展水平时，创新性地提出"城镇化协调发展水平 QS 模型"（以下简称 QS 模型，示意见图 4-2），用以动态分析各样本城镇的城镇化协调发展水平。"QS 模型"基于二维坐标系，由城镇化发展规模和城镇化发展质量组成坐标系的二维坐标轴，根据样本城镇的城镇化发展规模和发展质量，可以确定其在该模型中的位置，我们将该点命名为"发展水平 QS 标点"。在城镇化发展的过程中，由于受到社会经济等不同要素的影响，城镇化发展的质量和规模很难做到同步性的发展，也就是城镇化协调发展水平不可能保持一成不变，会出现不同幅度的波动变化，但只要将其控制在合理的范围之内，便可较好地实现城镇化的协调发展。基于此，本书创新性地构建了一个"协调发展水平基准区间"，即允许城镇化协调发展水平在一定幅度内偏离。将某区域或城市的协调发展水平 QS 标点与发展基准区间带进行比较，则可以判断该区域或城市的发展水平状态。即发展水平 QS 标点越接近发展水平基准区间带，城镇化协调发展水平越高；协调发展水平 QS 标点越远离发展水平基准区间带，城镇化协调水平越低。

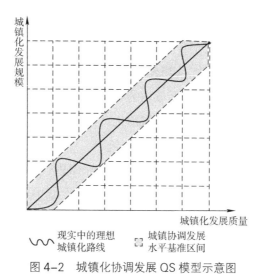

图 4-2　城镇化协调发展 QS 模型示意图

4.1.5　城镇化协调发展水平分布动态分析模型

城镇化协调发展水平测度值反映的是城镇化进程中发展规模和发展质量的综合协调表现，属于静态层面的评价值。在城镇化发展的进程中，受到社会经济发展、发展政策、发展基础、资源环境等不同因素的影响，城镇化规模和城镇化质量会处于不断的动态变化之中，从而导致不同城镇或区域的城镇化协调发展水平也处于不断的动态变化中。因此，在对城镇化协调发展水平值测度的基础上，需要进一步去分析其动态分布状态。基于前面构建的 QS 理论框架，本书提出发展状态指数、发展偏离程度和发展向好速率三大指数来分析城镇化协调发展水平的动态分布状态，构建城镇化协调发展水平分布动态分析模型（Dynamic Coordination Level Model，DCLM）。

（1）发展状态指数

基于前面构建的 QS 理论模型和样本城镇的城镇化发展规模及

第 4 章　城镇化协调发展水平测度及空间效应理论模型的构建

发展质量，可以确定其在该模型中的位置，我们将该点命名为"协调发展水平 QS 标点"。根据 QS 标点在模型中的具体位置和前面定义的"协调发展水平基准区间带"，我们可以将落在基准区间带左上方的标点命名为"S 状态"，用以表征发展规模超前的状态；落在基准区间带右下方的标点命名为"Q 状态"，表征发展质量超前的情况，落在基准区间带中的标点表征发展水平良好的"协调状态"（图 4-3）。无论是"S 状态"还是"Q 状态"均属于城镇化发展失衡的状态，其城镇化协调发展水平等级最终都受到短板的制约。

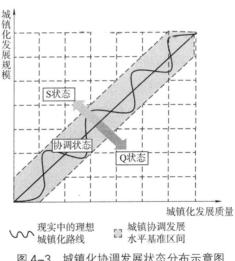

图 4-3　城镇化协调发展状态分布示意图

发展状态指数主要反映城镇化协调发展二维象限内不同分布状态（"整体协调发展良好""整体呈 Q 状态倾向""整体呈 S 状态倾向"）的样本城镇在总样本数中的占比。具体公式定义如下：

$$D_l = l/(m+n) \qquad （公式 4-13）$$

$$D_{mn} = m/n \qquad （公式 4-14）$$

其中，l 为基准区间带内样本数，m 为 Q 状态样本数，n 为 S 状态样本数。根据计算不同样本数在总样本的占比，可以了解研究区域镇化协调发展水平的整体状态。当 $D_l \geqslant 1$ 时，说明研究区整体样本城镇的城镇化协调发展水平较好；当 $D_l<1$ 且 $D_{mn}>1$ 时，说明研究区整体样本城镇的城镇化协调发展水平整体呈现 Q 状态；当 $D_l<1$ 且 $D_{mn}<1$ 时，说明研究区整体样本城镇的城镇化协调发展水平整体呈现 S 状态；当 $D_l<1$ 且 $D_{mn}=1$ 时，需根据 l、m 和 n 三者大小判断。

（2）发展偏离度指数

为此，在本书中我们提出"城镇化协调发展水平偏离程度"指数一概念，来反映各个样本城镇城镇或地区的城镇化协调发展水平与理想路线的偏离程度。对于发展质量超前的城镇，应该计算其发展规模与理想路线的偏离程度；反之，对于发展规模超前的城镇，应该计算其发展质量的偏离程度。需要特别说明的是，落在发展基准区间带内的城镇并不代表其没有发展偏离问题（除非落在理想路线上），只是偏离程度比较小。因此，在计算协调发展水平偏离程度时，以理想路线为界，理想路线下方的发展水平标点都纳入"Q状态"的计算范围，理想路线上方的协调发展水平标点都纳入"S状态"的计算范围。

假定 $A(x_i, y_i)$ 为 T 时期发展质量超前的 QS 标点，$\hat{y}$ 为 x_i 对应的拟合曲线上的拟合值，则 $A(x_i, y_i)$ 的协调发展水平偏离程度为：

$$D_i = (\hat{x}_j - x_j)/\hat{x}_j \times 100 \qquad (公式 4-15)$$

则所有属于"Q"状态的样本城镇偏离程度总和为：

$$D_Q^T = \sum_{i=1}^m D_i \qquad (公式 4-16)$$

同理，假定 $A(x_j, y_j)$ 为 T 时期发展规模超前的 QS 标点，则"S状态"下的城镇偏离程度总和为：

$$D_j = (\hat{y}_i - y_i)/\hat{y}_i \times 100 \qquad (公式 4-17)$$

$$D_S^T = \sum_{j=1}^n D_j \qquad (公式 4-18)$$

T时期的，所有样本城镇的总体偏离程度为：

$$D_{QS} = D_Q + D_S = \sum_{i=1}^{m} D_i + \sum_{j=1}^{n} D_j \quad （公式4-19）$$

D_{QS}是城镇化协调发展水平变化的晴雨表，可以反映城镇化进程中协调发展水平的变化情况。

（3）发展向好速率指数

在了解城镇化协调发展水平偏离度的基础上，可以进一步计算各样本城镇的城镇化协调发展向好速率，以表征各样本城镇在城镇化发展进程中由非均衡状态向均衡状态转变的发展速率。发展向好速率的分析主要基于发展偏离度的分析，因此同样需要从"Q状态"和"S状态"两个不同发展水平状态来分析考虑。即在城镇化发展质量超前的"Q状态"下，需要考虑城镇化发展规模的向好速率；在城镇化发展规模超前的"S状态"下，需要考虑城镇化发展质量的向好速率。具体计算公式如下：

"Q状态"下城镇化发展规模向好速率为：

$$d_Q^S = (D_Q^T - D_Q^{T-1})/D_Q^{T-1} \quad （公式4-20）$$

当$d_Q^S<0$时，表示发展规模改善，短板效应减小；而当$d_Q^S>0$，则表示发展质量与发展规模的差距在进一步扩大，短板效应增加。

则"S状态"下的城镇化发展质量向好速率为：

$$d_S^Q = (D_S^T - D_S^{T-1})/D_S^{T-1} \quad （公式4-21）$$

当$d_S^Q<0$时，表示发展质量改善，短板效应减小；而当$d_S^Q>0$，则表示发展质量与发展规模的差距在进一步扩大，短板效应增加。

4.2 城镇化协调发展水平空间效应及其格局演化驱动力分析

城镇化空间效应分析旨在利用空间计量模型对城镇化协调发展

水平的时空分布格局进行分析,探索城镇化协调发展的空间聚集、辐射或收敛效应及演变趋势。空间效应可以分为空间相关性和空间差异性(Anselin,1988)。空间自相关分析是描述不同变量间存在相关性的一种方法,其空间分布特征可以通过空间自相关的全局和局域两个指标来度量。空间差异性描述的是不同个体之间存在的差异性,是以模型函数形式或参数表现出来的结构特征(Anselin,1988),并且强调这一差异是由空间分布或者空间结构特点导致的。

4.2.1 空间权重的确定

为了解释地理对象之间的空间联系,首先要对空间对象间的相互邻接关系作出定义,即确定各地理对象的空间权重。空间权重的确定最关键的步骤是构建空间权重矩阵,以此表示地理对象的区位或所属区域的邻接关系,其基本形式为:

$$W_{ij} = \begin{bmatrix} W_{11} & W_{12} & \cdots & W_{1n} \\ W_{21} & W_{22} & \cdots & W_{2n} \\ \vdots & \vdots & \vdots & \vdots \\ W_{m1} & W_{m2} & \cdots & W_{mn} \end{bmatrix}$$

(公式4-22)

其中,W表示地理空间i和j之间的邻接程度。空间矩阵的构造,一直是一个有争议的问题。因为无法找到一个完全描述空间相关结构的空间矩阵,也就是说理论上讲,不存在最优的空间矩阵。一般讲,空间矩阵的构造必须满足"空间相关性随着'距离'的增加而减少"的原则。这里的"距离"是广义的,可以是地理上的距离,也可以是经济意义上合作关系的远近,甚至可以是社会学意义上的人际关系的亲疏(叶阿忠,2015)。

空间矩阵的常规设定有两种:一种是简单的二进制邻接矩阵,另一种是基于距离的二进制空间权重矩阵。简单的二进制邻接矩阵

的第 i 行第 j 列元素为：

$$w_{ij} = \begin{cases} 1, & \text{当区域 } i \text{ 和区域 } j \text{ 相邻接时} \\ 0, & \text{否则} \end{cases}$$ （公式4-23）

基于距离的二进制邻接矩阵的第 i 行第 j 列元素为：

$$w_{ij} = \begin{cases} 1, & \text{当区域 } i \text{ 和区域 } j \text{ 的距离小于 } d \text{ 时} \\ 0, & \text{否则} \end{cases}$$ （公式4-24）

总结起来，目前常用的空间权重构建方法主要有三种：

（1）邻接权重矩阵

基于邻接概念的空间权重（Contigity based Spatial Weights）有一阶邻接矩阵和高阶邻接矩阵两种。一阶邻接权重包括了Queen邻接和Rook邻接两种计算方法（Anselin，2003）。Rook邻近用仅有共同边界来定义邻居，而Queen邻接则除了共有边界邻区外还包括共同顶点的邻区。由此可见，基于Queen邻接的空间矩阵常常与周围地区具有更加紧密的关联结构（拥有更多的邻区）。当然，如果假定区域间公共边界的长度不同（如10 km和100 km），其空间作用的强度也不一样，则还可以通过将公用边界的长度纳入权重计算过程中，使这种邻接指标更加准确一些。

空间权重矩阵不仅仅局限于第一阶邻接矩阵，也可以计算和使用更高阶的邻接矩阵。Anselin和Smirnov（1996）提出了高阶邻接矩阵的算法。二阶邻接矩阵（the Second Ordercontiguity Matrix）表示了一种空间滞后的邻接矩阵。也就是说，该矩阵表达了邻接的相邻地区的空间信息。当使用时空数据并假设随着时间推移产生空间溢出效应时，这种类型的空间权重矩阵将非常有用，在这种情况下，特定地区的初始效应或随机冲击将不仅会影响其邻近地区，而且随着时间的推移还会影响其邻近地区的相邻地区。当然，这种影响是几何递减的。

可以看出，邻接空间权重矩阵因其对称和计算简单而最为常用，适合于测算地理空间效应的影响。

（2）距离权重矩阵

距离权重矩阵表示既定距离下的相关，一般软件有一个默认最小值，但可视实际情况调整（一般应大于最小值）。

（3）K-nearest 权重矩阵

K-nearest 权重矩阵表示指定某个多边形周围的多边形个数，其中 K 的取值范围可以是（K=3，4，5，6…）。

4.2.2 空间相关性分析模型

Goodchild（1992）指出，几乎所有的空间数据都具有空间依赖（或者称空间自相关）特征，也就是说一个地区空间单元的某种经济地理现象或者某一属性值与邻近地区空间单元上同一现象或属性值是相关的。空间自相关打破了大多数传统经典统计学和计量经济学中相互独立的基本假设，是对传统方法的继承和发展。

空间自相关是事物和现象在空间上的相互依赖、相互制约、相互影响和相互作用，是事物和现象本身所固有的属性，是地理空间现象和空间过程的本质特征。它是指不同位置的观测值在空间上非独立，呈现出某种非随机的空间模式（Lesage，1999）。常见的空间自相关分析模型有全局自相关检验和局部自相关检验两种。

（1）空间全局自相关模型

全局自相关系数用来验证整个研究区域的空间模式和度量属性值在整个区域空间上的分布态势或聚集状况，表示全局空间自相关的指标和方法很多，主要包括 Global Moran's I 指数和 Geary 指数。

Global Moran's I 指数反映的是空间邻接或空间邻近的区域单元属性值的相似程度。通过分析全国各样本城镇的全局空间自相关，有助于发现城镇间的聚集效应。

Global Moran's I 指数公式为：

$$GM = \frac{\sum_{i=1}^{n}\sum_{i=1}^{n}w_{ij}(X_i - \overline{X})(X_j - \overline{X})}{S^2 \sum_{i=1}^{n}\sum_{j=1}^{n}W_{ij}}$$ （公式4-25）

$$S^2 = \sum_{i=1}^{n}(X_i - \overline{X})^2 / n$$ （公式4-26）

式中，X_i为区域i的观测值，X_j为区域j的观测值，W_{ij}为空间权重矩阵。

Global Moran's I 指数取值范围一般在[-1, 1]之间，取值小于0表示空间i和空间j负相关，等于0表示两区域不相关，大于0表示正相关。取值越接近-1表示空间i和空间j的差异越大或分布越不集中，取值越接近于1表示两空间的关系越密切，性质越相似，表示区域与其周边地区的城镇化协调发展水平具有显著空间聚集（高值聚集或低值聚集）。

由于Global Moran's I 指数不能反映出空间聚集是高值聚集还是低值聚集，需要进一步借助Geary指数（Getis & Ord, 1992）。Geary指数与Global Moran's I 指数存在着负相关关系，Geary指数统计量（用C表示）的取值范围一般为[0, 2]，大于1则表示负相关，小于1表示正相关。其计算公式具体如下：

$$C = \frac{(n-1)\sum_{i=1}^{n}\sum_{j=1}^{n}w_{ij}(x_i - x_j)^2}{2\sum_{i=1}^{n}\sum_{j=1}^{n}w_{ij}\sum_{k=1}^{n}(x_k - \overline{x})^2}$$ （公式4-27）

$$Z(C) = (C - E(C)) / \sqrt{Var(C)}$$ （公式4-28）

式中，$Z(C)$表示Geary指数标准化的结果，$E(C)$表示数学期望值，$Var(C)$表示方差。$Z(C)$值的正负性表示不同的聚集效应，正值表示高值聚集，负值表示低值聚集。

（2）局部空间自相关模型

由于全局空间自相关分析很难检测到存在于不同地理位置的区域空间相关性，因此当需要揭示哪个空间区域对全局空间自相关贡献更大时，就必须进行局部自相关分析。局部空间自相关分析可以通过 Local Moran's I 指数统计值和 LISA 聚集图等反映（Aneselin，1995）。

Local Moran's I 指数公式为：

$$LM = \frac{(x_i - \bar{x})}{S^2} \sum_{j=1}^{n} W_{ij}(x_j - \bar{x}) \qquad （公式4-29）$$

$$S^2 = \sum_{i=1}^{n}(X_i - \bar{X})^2 / n \qquad （公式4-30）$$

当 Local Moran's I 取值大于 0 时，表明区域 i 的城镇化效率与周围地区之间差异显著性较小，即目标单元空间与邻近的单元的属性相似（存在"高高"或"低低"聚集）；当取值小于 0 时，表明区域 i 城镇化协调发展水平与周围地区之间的差异显著性较大，目标空间单元与邻近空间单元不相似（"高低"或"低高"聚集）。同样 Local Moran's I 指数无法反映出局部空间聚集是高值聚集还是低值聚集，需要进一步借助 Geary 指数去探测高值聚集和低值聚集。其计算公式具体如下：

$$G_i^* = \frac{\sum_j W_{ij} x_j}{\sum_k x_k} \qquad （公式4-31）$$

$$Z(G_i^*) = (G_i^* - E(G_i^*)) / \sqrt{Var(G_i^*)} \qquad （公式4-32）$$

其中，$Z(G_i^*)$ 表示 Geary 指数标准化的结果。其他变量如上。Z 值的正负性表示不同的聚集效应，正值表示高值聚集，负值表示低值聚集。

4.2.3　空间差异性分析模型

在城镇化发展的进程中，由于各样本城镇的发展基础和发展条件的不同，城镇化发展的差异性是城镇化发展过程普遍存在的问题。本书在分析城镇化发展的空间差异性时，主要采用变异系数来反映城镇化发展过程中理论模型分析的结果与实际情况的差异性。

第4章 城镇化协调发展水平测度及空间效应理论模型的构建

变异系数（Coefficient of Variation），也称变差系数或离散系数。它是一组数据的标准差与其均值的百分比，是测算数据离散程度的相对指标。本书中通过引入差异系数概念，构建城镇化协调发展水平的空间差异指数（Urbanization Coefficient of Variation，UV），用来表示城镇化协调发展水平的实际情况（发散或者收敛）。其表达式具体为：

$$S = \sqrt{\sum_{i=1}^{n}(Y_i - \overline{Y})^2/n} \quad \text{（公式 4-33）}$$

$$UV = S/\overline{Y} \quad \text{（公式 4-34）}$$

式中，Y_i 表示 i 地区的城镇化协调发展水平，$\overline{Y}$ 表示某一年全国尺度城镇化协调发展水平的平均值，n 表示样本城镇的个数，S 表示 i 地区城镇化协调发展水平的标准差。UV 指数越小，表明各样本城镇之间的城镇化协调发展水平差异越小，即具有收敛的特征；反之，UV 指数值越大，则表明各样本间城镇化协调发展水平差异越大，呈现发散特征。

4.2.4 时空格局演变及主要驱动力分析

4.2.4.1 时空格局演变趋势分析

利菲弗方向性分布（Lefever's Standard Deviational Ellipse，SDE，又称标准差椭圆方法）最早由美国社会学教授韦尔蒂·利菲弗（D. Welty Lefever）于1926年提出，是测量一组点或区域的趋势的一种常用方法。该模型的工作原理是通过分别计算 x 和 y 方向上的标准距离，以这两个测量值来定义一个包含所有要素分布的椭圆的轴线。利用该椭圆，可以查看要素的分布是否是狭长形的，并因此具有特定方向。标准差椭圆作为度量空间分布的工具，可以识别一组数据的方向以及分布的趋势，是研究空间要素分布和演变趋势的最主要的工具之一（图4-4）。其中椭圆的长轴表示数据分布的方向，短轴表示的是数据分布的范围和离散程度，长短轴的值差距越大（扁率越大），表示数据的方向性越明显。反之，如果长短轴越接近，表示方向性越不明显。如果长短轴完全相等，则表示没有任何的方向特征。椭圆的中心点代表空间要素布局的重心所在。本书通过将利菲弗方向性分布引入城镇化协调发展格局演变的相关分析中，分析城镇化发展规模、发展质量和协调发展水平的空间分布方向特征，以了解城镇化时空格局的演变趋势。

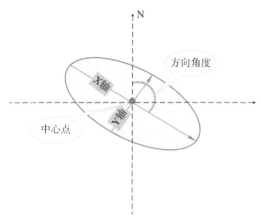

图 4-4　利菲弗方向性分布（SDE）模型示意图

利菲弗方向性分布的具体计算过程和公式如下：

（1）首先是确定椭圆圆心（$SDEx$，$SDEy$）

$$SDE_x = \sqrt{\frac{\sum_{i=1}^{n}(x_i - \overline{X})^2}{n}}　（公式 4-35）$$

$$SDE_y = \sqrt{\frac{\sum_{i=1}^{n}(y_i - \overline{Y})^2}{n}}　（公式 4-36）$$

其中，x_i 和 y_i 表示每个具体要素的空间坐标位置，$\overline{X}$ 和 $\overline{Y}$ 表示算数平均中心。

（2）然后确定椭圆的方向，以 x 轴为基准，正北方向为 0 度，顺时针方向旋转，具体公式如下：

$$\tan\theta = \frac{A+B}{C} \quad \text{（公式 4-37）}$$

$$A = (\sum_{i=1}^{n}\tilde{x}_i^2 - \sum_{i=1}^{n}\tilde{y}_i^2) \quad \text{（公式 4-38）}$$

$$B = \sqrt{(\sum_{i=1}^{n}\tilde{x}_i^2 - \sum_{i=1}^{n}\tilde{y}_i^2)^2 + 4(\sum_{i=1}^{n}\tilde{x}_i\tilde{y}_i)^2} \quad \text{（公式 4-39）}$$

$$C = 2\sum_{i=1}^{n}\tilde{x}_i\tilde{y}_i \quad \text{（公式 4-40）}$$

其中，$\tilde{x}_i$ 和 $\tilde{y}_i$ 表示平均中心和 xy 坐标的差，θ 表示方向角度。

（3）最后确定椭圆长短轴 x、y 的长度，具体如下：

$$\sigma_x = \sqrt{\frac{2\sum_{i=1}^{n}(\tilde{x}_i\cos\theta - \tilde{y}_i\sin\theta)^2}{n}} \quad \text{（公式 4-41）}$$

$$\sigma_y = \sqrt{\frac{2\sum_{i=1}^{n}(\tilde{x}_i\sin\theta + \tilde{y}_i\cos\theta)^2}{n}} \quad \text{（公式 4-42）}$$

4.2.4.2 时空格局演变的主要驱动因素分析

不同空间单元间的相互关联会导致地理空间的依赖效应，早期的空间计量经济模型（如空间滞后模型和空间差异模型）虽然考虑了空间效应的存在，但由于模型自身的局限性，只能考虑横截面数据的空间效应，无法考虑时间序列尺度上不同样本的时空特性。Anselin（1988）和 Elhorst（2005）将空间滞后模型与空间误差模型推广到面板数据的情形，大大拓展了空间计量方法的适用范围。

空间面板数据通常是指一定空间单元的时间序列观测，其回归模型将面板数据模型的优点和空间计量经济学方法相结合，不仅同时考虑时空特征，且将空间效应纳入研究体系，使得模型估计更加有效。面板数据由时间序列和横截面数据共同组成，使用面板数据可以获得更多的自由度，且信息量更丰富，包含更多的变异，减少变量之间的多重共线性，帮助校正由于省略未观测到的变量而产生的偏差，因此可提高模型估计的有效性。

在探索城镇化时空格局演变的影响因素时需考虑地理空间关联

的影响，一方面要考虑横截面上不同样本的关联性和差异性，另一方面可以考虑时间序列尺度上不同样本的时空特性。基于面板数据的空间计量回归模型正是有效考虑空间关联的方法。

空间计量回归模型分为空间滞后模型（Spatial Panel Lag Model，SLM）、空间误差模型（Spatial Error Model，SEM）和空间杜宾模型（Spatial Durbin Model，SDM）。

（1）空间滞后模型（SLM）

空间滞后模型的经济学含义是，如果所关注的经济变量存在利用空间矩阵表示的空间相关性，则仅仅考虑其自身的解释变量 X 不足以很好地估计和预测该变量的变化趋势。例如，一个地区的房价会受到相邻区域房价的影响，如果我们只考虑当地的供需情况，便忽略了周边地区人口和资金的流动性对该地区的潜在影响（空间溢出效应）；而在模型中考虑适当的由于空间结构造成的影响（周边地区的房价），便可以较好地控制这一空间效应造成的影响。具体模型如下：

$$Y = \alpha + \rho WY + \beta X + \varepsilon \quad \text{（公式 4-43）}$$

$$\varepsilon \sim N[0, \sigma^2 I] \quad \text{（公式 4-44）}$$

其中，W 表示空间权重矩阵，α 表示常数项，β 表示回归系数，ρ 表示空间滞后自回归系数，用来测度邻近地区对解释变量的空间溢出效应，X 为解释变量，ε 为随机扰动项。

（2）空间误差模型（SEM）

空间误差模型描述的是空间扰动相关和空间总体相关。空间误差模型的经济意义在于，在某一个地区发生的冲击会随着这一特殊的协方差构形式 W 而传递到相邻区域，而这一传递形式具有很长的时间延续性并且是衰减的，即空间影响具有高阶效应。其具体模型为：

$$Y = \alpha + \beta X + \varepsilon \qquad (公式4-45)$$

$$\varepsilon = \lambda W_e + u \qquad (公式4-46)$$

$$u \sim N[0, \sigma^2 I] \qquad (公式4-47)$$

其中，α 表示常数项，β 表示回归系数，ε 表示空间误差项，λ 为空间误差相关系数，度量了邻近个体关于被解释变量的误差冲击对本个体观察值的影响程度，W 为空间矩阵。

（3）空间杜宾模型（SDM）

如果一个地区的被解释变量不仅受周边地区的被解释变量的影响，而且还受其周边地区解释变量的影响，即在空间滞后模型（SLM）与空间误差模型（SEM）的基础上添加了解释变量的滞后项，则称其为空间杜宾模型（SDM），公式如下：

$$Y = \alpha + \rho WY + \beta X + \theta WX + \varepsilon \qquad (公式4-48)$$

$$\varepsilon \sim N[0, \sigma^2 I] \qquad (公式4-49)$$

式中，WX 表示邻近区域解释变量的空间滞后变量，θ 表示解释变量的空间滞后项系数，其他含义如前。

第5章 中国城镇化协调发展水平测度与分析

5.1 中国城镇化发展质量测度与分析

5.1.1 城镇化发展质量的测度

根据第四章构建的指标体系和权重值确定方法,可以计算出全国286个样本城市2005—2015年的城镇化发展质量各指标权重值(表5–1)和综合得分值。

城镇化发展质量各指标权重值　　　表5–1

一级指标	二级指标	权重值
经济发展质量 (0.380 4)	人均地区生产总值(元)	0.017 4
	城镇居民人均可支配收入(元)	0.013 0
	人均地方财政收入(元)	0.033 4
	城镇人均消费性支出(元)	0.022 5
	社会消费品零售总额(亿元)	0.088 9
	社会固定资产投资总额(亿元)	0.029 3
	城镇居民人均非农产业增加值(元)	0.027 8
	实际外商直接投资(万美元)	0.059 7
	进出口总额占比(外贸依存度,%)	0.048 8
社会发展质量 (0.458 4)	人均城市道路面积(m^2)	0.015 0
	每万人拥有的公交车数(辆/万人)	0.025 4
	每万人拥有的医生数(人/万人)	0.010 0
	每万人拥有的医院床位数(张/万人)	0.009 1
	每万人公共图书馆藏书量(册/万人)	0.034 1

续表

一级指标	二级指标	权重值
社会发展质量 （0.458 4）	普通高等学校学生数量（万人）	0.159 6
	互联网用户数（万户）	0.159 6
	城镇恩格尔系数（%）	0.005 8
	年末从业人员占地区总人口比重（%）	0.025 8
	教育支出占地方财政支出比重（%）	0.008 0
	城镇登记失业率（%）	0.006 1
生态环境质量 （0.074 7）	工业固体废物综合利用率（%）	0.021 2
	生活污水集中处理率（%）	0.008 1
	生活垃圾无害化处理率（%）	0.008 5
	人均公共绿地面积（m²）	0.028 9
	建成区绿化覆盖率（%）	0.008 0
创新发展质量 （0.126 1）	科技支出占地方财政支出比重（%）	0.023 2
	专利申请数量（件）	0.075 3
	各类专业技术人员数占总从业人口比重（%）	0.027 6

从表 5-1 的权重值来看，社会发展质量在城镇化发展质量中权重值最高，其次是经济发展质量和创新发展质量，创新发展质量和生态环境质量权重次之。这说明，在城镇化发展质量的水平测度中，社会发展质量指标的影响最大，权重值为 0.458 4，在城镇化发展质量的提升过程中也应该更注重公共服务、民生福利等社会发展质量的提升；当然经济发展质量也是城镇化发展质量中很重要的一部分，其权重值（0.380 4）仅次于社会发展质量；创新发展质量和生态环境质量也是城镇化发展质量不可或缺的组成部分，其权重值分别为 0.126 1 和 0.074 7，相对较低。

5.1.2 城镇化发展质量的分析

5.1.2.1 整体变化趋势

从全国整体尺度来看（图 5-1），2005—2015 年全国城镇的城镇化发展质量整体水平变化呈现出"波折式上升"的变化趋势。其中，2010 年受到国际经济通货膨胀和美国次贷危机影响，国内经济也随之受到较大影响，同时城镇化人口规模的急剧增长也对城镇化的公共服务水平产生了较大的压力，导致人均公共服务水平下降（如指标体系中每万人拥有公交车辆数指标普遍呈现下降趋势），因而 2010 年全国整体的城镇化质量水平也整体呈现出下降趋势，并达到研究时间段内最低水平 2 803.36；2013 年受到国内楼市和地产行业政策收紧影响，城镇化发展质量也出现了一定的回落和波动。

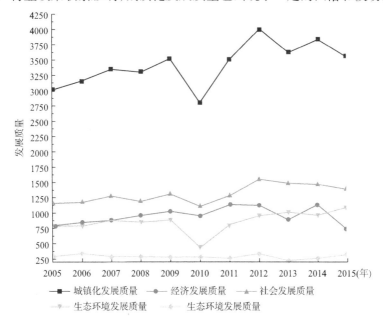

图 5-1 2005—2015 年全国城镇化发展质量整体变化

从具体各个样本城镇的变化来看（图 5-2），全国各样本城镇的城镇化发展质量水平从 2005—2015 年存在着上下浮动变化，除上海、北京等特大城市外，其他样本城镇均呈现出"波折式上升"的变化趋势，说明全国大部分城镇城镇化发展质量均在不断提升，这也印证和解释了全国城镇化发展质量整体水平的变化趋势。值得注意的是，不同于其他样本城镇，上海和北京的城镇化发展质量呈现下降趋势，这主要是因为作为全国发展水平最高的两座城市，吸引了大量外来人口，对整个城市的公共服务、福利水平等都造成了巨大的压力，由此产生的负效应大于由于人口增加带来的正效应，从而导致城镇化发展质量出现下降趋势。

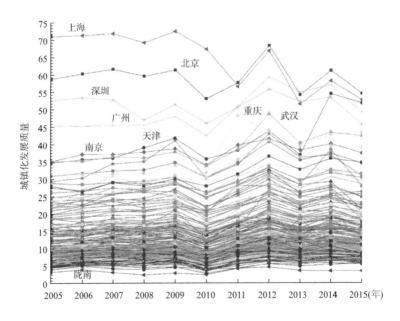

图 5-2　2005—2015 年全国 286 个样本城镇城镇化发展质量

城镇化发展质量的变动是经济发展质量、社会发展质量、生态环境质量和创新发展质量综合影响的结果。具体来看，受到具体政策因素和宏观环境影响，各个子系统的水平值也存在不同程度的波动变化。具体来说：

（1）从城镇化经济发展质量来看（图5-1、图5-3），2005—2012年，全国整体经济发展质量和各样本城镇的经济发展质量均呈现缓慢增长趋势；2013年受到国内楼市和地产行业政策收紧影响，国内经济低迷，受此影响经济发展质量也出现较大回落；2014年经济发展质量出现短暂回升，但2015又出现下降趋势，可以看出在我国经济增长逐渐放缓的背景下，必须转变经济发展方式调整经济结构，才能促进经济发展质量的提升。

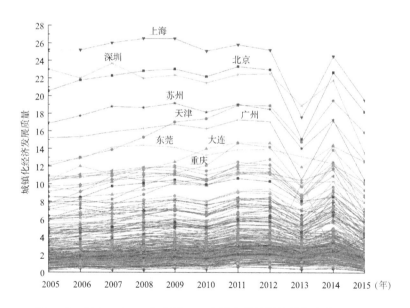

图5-3　2005—2015年全国286个样本城镇城镇化经济发展质量

（2）从社会发展质量来看（图5-1、图5-4），全国社会发展质量和各样本城镇的社会发展质量均呈现缓慢增长的趋势，说明整体社会发展质量在提升。从具体各个样本城镇的发展质量来看，上海、北京、广州、深圳等城市拥有较高的社会发展质量，这与其社会经济水平较高也是密不可分的。

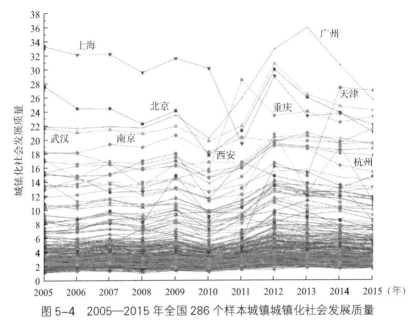

图 5-4 2005—2015 年全国 286 个样本城镇城镇化社会发展质量

（3）从创新发展来看（图 5-1、图 5-5），全国城镇化创新发展质量和各样本城镇创新发展质量呈现出相同的变化趋势，均呈现出"波折式的缓慢上升"趋势。从具体各个样本城镇来看，除北京、上海和深圳的创新发展质量较高外，其他各样本城镇的创新发展质量普通水平较低。这说明，一方面，全国各样本城镇的创新发展质量普遍偏低，在后期的发展中需要注重科技创新对城镇化质量提升的带动作用；另一方面，也可以看出在一定时期内科技创新水平还是相对稳定的，即一定时间段的技术水平不变。

（4）从生态环境质量来看（图 5-1、图 5-6），除 2010 年外，全国城镇化生态环境质量和各样本城镇的生态环境质量均在不断提升，这与近年来的生态环境保护和环境治理是分不开的。2010 年生

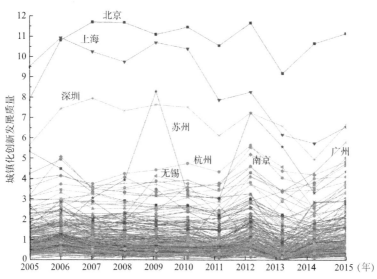

图 5-5 2005—2015 年全国 286 个样本城镇城镇化创新发展质量

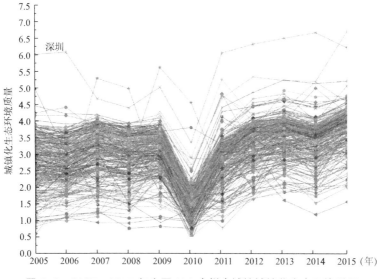

图 5-6 2005—2015 年全国 286 个样本城镇城镇化生态环境质量

态环境质量出现回落，其主要原因一方面是由于城镇化人口规模的急剧增加对城市生态环境产生了巨大的压力，尤其是三废处理率[①]；另一方面，人口规模和土地规模的增加也使得人均公共绿地面积和建成区绿化率有所下降，从而导致全国各样本城镇的生态环境质量下降。

5.1.2.2　水平值区间划分及分布

从城镇化水平值的分布上来看，按照城镇化发展质量指数值大小排序，整体呈现"金字塔"式分布态势，即城镇化发展质量等级越高，样本城镇个数越少，反之亦然。上海、北京、深圳、广州、天津、南京、重庆、武汉等直辖市、省会城市、计划单列市具有较高的城镇化质量水平，其城镇化质量水平在2005—2015年所有样本城镇中均处于领先水平。这与大城市社会经济福利水平高、公共服务设施完善等因素密不可分。陇南、巴中、昭通、商洛、安顺、百色等中小城市的城镇化质量水平较低，这也与我国当前的城镇化发展的实际情况相符合。

本书在对历年城镇化发展质量水平分布区间划分时主要采用自然间断点分级法（Jenks）。自然间断点分级法是基于数据中固有的自然分组，将对分类间隔加以识别，可对相似值进行最恰当的分组，并可使各个类之间的差异最大化。要素将被划分为多类，对于这些类，会在数据值的差异相对较大的位置处设置边界。根据计算得到的2005—2015年全国各样本城市的城镇化发展质量得分，统一对数据进行自然间断分级为5个等级，按照指数值大小，依次分

[①] 如2009—2010年，286个样本城镇中，100个样本城镇的工业固体废物综合利用率出现下降，47个城镇的生活污水处理率呈现下降，53个城镇生活垃圾无害化处理率呈现下降，68个城镇人均公共绿地面积减少，83个城镇的建成区绿化率降低。

为高、较高、中等、较低和低,等级越高城镇化发展质量越好。具体各分级区间标准如表 5-2 所示。

城镇化发展质量分级标准　　　　　　　　　表 5-2

分级	分级区间
低	(0,0.130 7]
较低	(10.130 7,17.06 29]
中等	(17.062 9,27.384 1]
较高	(27.384 1,43.990 8]
高	(43.990 8,100]

2005—2015 年各样本城镇城镇化发展质量区间分布统计　　表 5-3

年份	星级	城镇个数(个)	占比(%)
2005	低	205	71.68
	较低	46	16.08
	中等	22	7.69
	较高	9	3.15
	高	4	1.40
2006	低	198	69.23
	较低	51	17.83
	中等	26	9.09
	较高	7	2.45
	高	4	1.40
2007	低	180	62.94
	较低	68	23.78
	中等	22	7.69
	较高	12	4.20
	高	4	1.40

续表

年份	星级	城镇个数（个）	占比（%）
2008	低	182	63.64
	较低	67	23.43
	中等	20	6.99
	较高	13	4.55
	高	4	1.40
2009	低	163	56.99
	较低	79	27.62
	中等	26	9.09
	较高	14	4.90
	高	4	1.40
2010	低	214	74.83
	较低	40	13.99
	中等	20	6.99
	较高	9	3.15
	高	3	1.05
2011	低	164	57.34
	较低	78	27.27
	中等	25	8.74
	较高	14	4.90
	高	5	1.75
2012	低	129	45.10
	较低	98	34.27
	中等	35	12.24
	较高	18	6.29
	高	6	2.10

续表

年份	星级	城镇个数（个）	占比（%）
2013	低	150	52.45
	较低	89	31.12
	中等	29	10.14
	较高	14	4.90
	高	4	1.40
2014	低	142	49.65
	较低	92	32.17
	中等	31	10.84
	较高	16	5.59
	高	5	1.75
2015	低	157	54.90
	较低	88	30.77
	中等	24	8.39
	较高	12	4.20
	高	5	1.75

从表5-3和图5-7来看，从2005—2015年城镇化发展质量水平指数值在17.062 9以下的低和较低的样本城镇占了绝大多数（低质量水平和较低质量水平的样本城镇个数占比均在80%以上），构成了城镇化发展质量样本的主体，也是城镇化质量水平较低的区间；其次占比较大的中等水平样本城镇的城市化发展质量指数值主要集中在（17.062 9，27.384 1］之间，代表了中等水平的城镇化发展质量；城镇化发展质量水平较高城镇主要集中在（27.384 1，43.990 8］之间，主要以南京、武汉、杭州、成都、苏州等发达省份的城市为主，代表了中高水平的城镇化发展质量；高水平城镇化

发展质量的样本城镇主要集中在指数值 43.990 8 以上，这部分样本城镇数量最少，由于城镇化发展质量指标体系覆盖面广，指标多，需要城市在社会经济环境等诸多方面有着均衡协调的高质量发展，因而主要以上海、北京、深圳、广州等一线特大城市为主。在研究的时间段内，高水平的样本城镇数量一直维持在 4—5 个。

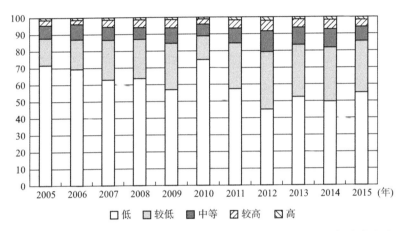

图 5-7 2005—2015 年全国各样本城镇城镇化发展质量水平区间分布占比

5.1.2.3 地域空间分布

从 2005—2015 年城镇化质量水平的地域分布来看（表 5-4、图 5-8），城镇化发展质量在地域空间上也呈现出明显的地域特征，按照样本城镇城镇化质量水平的高低从西往东依次递增，具体表现为东部地区城镇化质量水平普遍最高，中部地区次之，西部地区的城镇化发展质量水平最低[①]。

---

① 我国东部地区主要指东部地区辽宁、北京、天津、河北、山东、江苏、上海、浙江、福建、广东、广西、海南等 12 个地区；中部地区主要包括山西、内蒙古、吉林、黑龙江、安徽、江西、河南、湖北、湖南等 9 个地区；西部地区则主要包括陕西、甘肃、青海、宁夏、新疆、四川、重庆、云南、贵州、西藏等 10 个地区。以下城镇发展规模和城镇化协调发展水平部分与此相同，不再作解释。

城镇化发展质量水平分区域等级统计　　表 5-4

年份	等级	低	较低	中等	较高	高
2005	东部	46	30	15	6	4
	中部	93	7	7	2	0
	西部	65	9	1	1	0
2006	东部	46	30	16	5	4
	中部	88	13	7	1	0
	西部	63	9	3	1	0
2007	东部	35	40	14	8	4
	中部	84	17	6	2	0
	西部	62	11	0	3	0
2008	东部	36	39	14	8	4
	中部	84	17	6	2	0
	西部	62	11	0	3	0
2009	东部	26	46	17	8	4
	中部	77	22	7	3	0
	西部	60	11	2	3	0
2010	东部	53	28	12	5	3
	中部	95	6	7	1	0
	西部	66	6	1	3	0
2011	东部	28	45	16	8	4
	中部	70	23	6	4	6
	西部	60	10	3	2	1
2012	东部	15	47	23	12	4
	中部	59	38	8	3	1
	西部	55	13	4	3	1
2013	东部	23	46	20	8	4
	中部	70	31	5	3	0
	西部	57	12	4	3	0

续表

年份	等级	低	较低	中等	较高	高
2014	东部	21	47	18	10	5
	中部	67	31	8	3	0
	西部	54	14	5	3	0
2015	东部	26	49	15	6	5
	中部	67	31	8	3	0
	西部	59	10	4	3	0

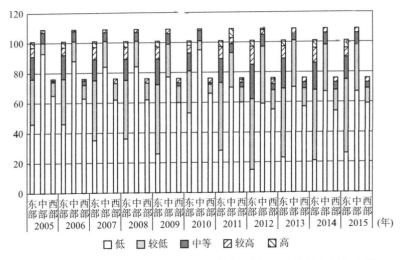

图 5-8 2005—2015 年各样本城镇城镇化发展质量地域空间分布图

东部地区作为我国社会经济发展的先行区，拥有较高的社会经济水平和发展基础，因此整体的城镇化发展质量水平也相对较高。从城镇化发展质量的水平值来看，较高质量等级和高质量等级的样本城镇几乎都分布在东部地区，尤其是高质量等级城镇全部分布在东部地区（主要分布在长三角、珠三角和京津冀三大城市群，以特大城市为主）。同时东部地区内的差样本城镇个数也很少。

中部地区城镇化发展质量水平低于东部地区，除武汉、长沙、郑州等省会城市发展质量水平较高外，其他样本城镇主要都以较低质量等级城镇为主。

西部地区城镇化发展质量水平相比较东中部地区最低，除成都、重庆和西安等省会城市和直辖市发展质量水平较高外，其他广大的样本城镇发展质量水平均较低，主要以低质量等级的城镇为主。

5.2 中国城镇化发展规模测度与分析

5.2.1 城镇化发展规模的测度

根据第 4 章构建的指标体系和权重值确定方法，可以计算出全国 286 个样本城市 2005—2015 年的城镇化发展规模各指标权重值（表 5-5）和综合得分值。

城镇化发展规模各指标权重值　　表 5-5

一级指标	二级指标	权重值
人口发展规模（0.277 6）	城镇常住总人口（万人）	0.133 6
	城镇人口占总人口的比重（%）	0.069 4
	非农产业就业人口比重（%）	0.001 5
	城镇人口密度（人/km^2）	0.073 1
经济发展规模（0.163 0）	城镇地区生产总值（亿元）	0.158 2
	二三产业产值占国内生产总值的比重（%）	0.004 8
土地发展规模（0.559 4）	城镇建成区总面积（km^2）	0.143 4
	城镇建成区面积占区域总面积比重（%）	0.126 1
	城市建设用地面积（km^2）	0.165 4
	城市建设用地占市区面积比重（%）	0.124 5

从表 5-3 城镇化发展规模的各项指标权重值来看，土地发展规模的权重值最高，其次为人口发展规模，经济发展规模次之。具体来看，土地发展规模对城镇化发展规模的影响最大，其权重值高到 0.559 4，这说明当前在我国城镇化规模发展中，土地规模的增长最为明显，这与当前我国城镇化过程中突出的"土地城镇化"问题也是相吻合的；人口发展规模和经济发展规模作为城镇化发展规模的重要组成部分，其权重值较土地规模权重值相对较小，分别为 0.277 6 和 0.163 0。

5.2.2 城镇化发展规模的分析

5.2.2.1 整体变化趋势

从全国整体层面来看（图 5-9），2005—2015 年全国整体的城镇发展规模维持在稳定水平值区间内，整体变化幅度较小，这说明在全国尺度上城镇化发展规模的变化趋缓。从各个样本城镇的城镇化规模变化来看（图 5-10），2005—2015 年近 11 年间，除个别城市变化较大外，各样本城镇的城镇化规模水平维持在相对稳定的水平区间。一方面，这与我国近年来由增量规划走向存量和减量规划的政策是密不可分的；另一方面，受到城市行政边界和城市用地的限制，城市规模不会无限地增长，在达到一定规模尺度之后会维持在一个稳定的水平状态。

城镇化发展规模由人口发展规模、经济发展规模和土地发展规模组成，其水平值的变化受到其子系统水平值变化的影响。具体来看：

（1）从城镇化人口发展规模来看，全国城镇化人口发展规模的整体水平（图 5-9）的增长趋势逐步放缓，甚至趋于平稳，这说明全国整体上城镇人口发展规模增速在逐渐降低，这与长期以来我国实施计划生育，人口增长放缓是密不可分的；从各样本城镇的人口发展规模变化来看（图5-11），东部地区的样本城镇具有较高的人口发展规模，这与东部地区人口密度较高是分不开的，广大的中西部地区的人口发展规模相对较低，这与我国的实际情况也是吻合的。

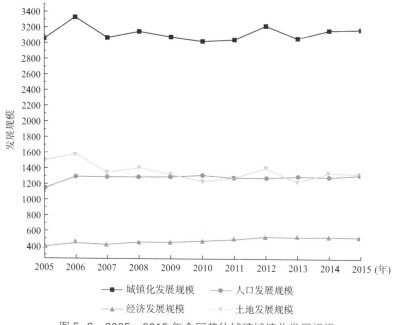

图5-9　2005—2015年全国整体城镇城镇化发展规模

（2）从城镇化经济发展规模来看，全国整体的城镇经济发展规模（图5-9）和各个样本城镇的经济发展规模（图5-12）均呈现缓慢上升的趋势，说明各样本城镇的经济发展规模呈现出缓慢上升的趋势。但值得注意的是，全国大部分样本城镇的经济规模增长趋势不断放缓，这与当前我国经济增长放缓的经济形势也是吻合的。从单个城镇的经济规模数值上来看，特大城市和东部地区大城市具有较高的经济发展规模。

第5章 中国城镇化协调发展水平测度与分析

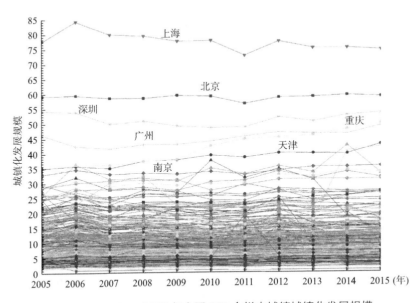

图 5-10　2005—2015 年全国 286 个样本城镇城镇化发展规模

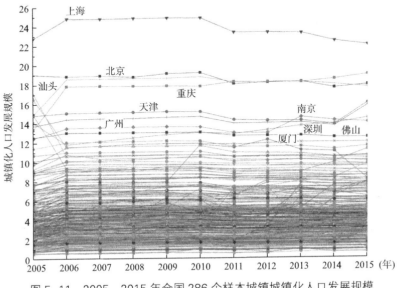

图 5-11　2005—2015 年全国 286 个样本城镇城镇化人口发展规模

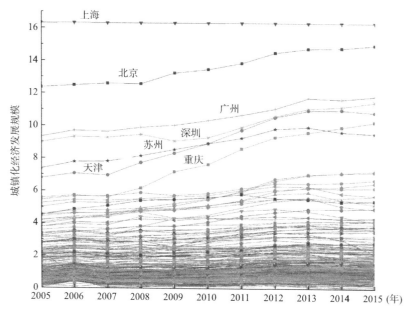

图 5-12　2005—2015 年全国 286 个样本城镇城镇化经济发展规模

（3）从城镇化土地发展规模来看，全国整体的城镇化土地发展规模（图 5-9）和各样本城镇的土地发展规模（图 5-13）均呈现出缓慢下降的趋势，这说明全国各城镇土地发展规模在逐渐下降。究其原因，一方面，是受到城镇用地规模限制的影响，另一方面，与我国近年来由增量规划走向存量和减量规划的政策是密不可分的。

5.2.2.2　水平值区间划分及分布

与前面相同，在对历年城镇化发展规模刻度标准进行划分时同样采用自然间断点分级法，统一对数据进行自然间断分级为 5 个等级（分别为低、较低、中等、较高、高五个等级），等级越高，城镇化发展规模得分越高。整体看来，上海、北京、深圳、广州、重庆、天津、南京等特大城市和大城市具有较高的城镇化发展规模水平，普洱、临沧、河池、崇左、丽江、陇南等广大中小城市的城镇化规模水平较低，也符合现阶段我国城镇化发展的实际情况。具体各分级区间标准和不同年份各等级城镇个数及比例如表 5-6、表 5-7 所示。

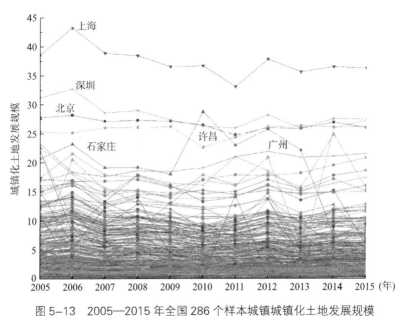

图 5-13　2005—2015 年全国 286 个样本城镇城镇化土地发展规模

城镇化发展规模水平分级标准　　　表 5-6

分级	分级区间
低	（0，8.171 8]
较低	（8.171 8，14.956 7]
中等	（14.956 7，24.863 1]
较高	（24.863 1，44.680]
高	（44.680，100]

2005—2015年各样本城镇城镇化发展规模区间分布统计　　表 5-7

年份	等级	城镇个数（个）	占比（%）
2005	低	142	49.65
	较低	88	30.77
	中等	41	14.34
	较高	11	3.85
	高	4	1.40
2006	低	123	43.01
	较低	93	32.52
	中等	51	17.83
	较高	16	5.59
	高	3	1.05
2007	低	136	47.55
	较低	95	33.22
	中等	41	14.34
	较高	11	3.85
	高	3	1.05
2008	低	129	45.10
	较低	97	33.92
	中等	42	14.69
	较高	15	5.24
	高	3	1.05
2009	低	135	47.20
	较低	97	33.92
	中等	37	12.94
	较高	14	4.90
	高	3	1.05

续表

年份	等级	城镇个数（个）	占比（%）
2010	低	142	49.65
	较低	97	33.92
	中等	31	10.84
	较高	13	4.55
	高	3	1.05
2011	低	142	49.65
	较低	93	32.52
	中等	35	12.24
	较高	11	3.85
	高	5	1.75
2012	低	132	46.15
	较低	95	33.22
	中等	40	13.99
	较高	14	4.90
	高	5	1.75
2013	低	139	48.60
	较低	96	33.57
	中等	34	11.89
	较高	12	4.20
	高	5	1.75
2014	低	137	47.90
	较低	95	33.22
	中等	35	12.24
	较高	14	4.90
	高	5	1.75

续表

年份	等级	城镇个数（个）	占比（%）
2015	低	133	46.50
	较低	100	34.97
	中等	33	11.54
	较高	15	5.24
	高	5	1.75

从城镇化规模水平值的分布上来看，按照城镇化发展规模指数值大小排序，整体呈现"金字塔"式分布态势，即城镇化发展规模等级越高的样本城镇个数越少，反之亦然。根据统计结果（表5-6和图5-14），从2005—2015年各样本城镇的城镇化发展规模指数值在8.171 8以下的低水平城镇个数占最大比例，平均占比达47%，这也构成了城镇化发展规模样本的主体，是城镇化发展规模低水平的区间；其次占比较大的是较差城镇化发展规模水平的城镇，平均占比达33%，其城镇化发展规模指数值主要分布在（8.171 8，14.956 7]之间，代表了较低城镇化发展规模水平的区间；中等水平样本城镇的城市化发展规模指数值主要集中在（14.956 7，24.863 1]之间，平均占比在13%左右，代表了中等水平的城镇化发展规模；较高城镇化发展质量规模的样本城镇主要集中在（24.863 1，44.680]之间，样本城镇个数平均占比在4.6%左右，以天津、南京、重庆、合肥、杭州、成都等直辖市和发达省份城市为主；城镇化发展质量水平最高的样本城镇主要集中在指数值44.680以上，这部分样本城镇数量最少，主要以上海、北京、深圳、广州等一线特大城市为主。在研究的时间段内，高城镇化发展规模水平的样本城镇数量一直维持在3—5个。

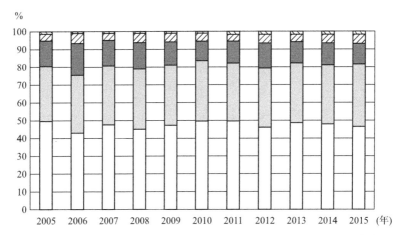

图 5-14 2005—2015 年全国各样本城镇城镇化发展规模水平区间分布占比

5.2.2.3 地域空间分布

从 2005—2015 年城镇化规模水平的地域分布来看（表 5-8 和图 5-15），城镇化发展规模在地域空间上也呈现出明显的地域特征，按照样本城镇城镇化规模水平值的高低从西往东依次递增，具体表现为东部地区城镇化规模水平普遍最高，中部地区和东北地区次之，西部地区的城镇化发展规模水平最低。

城镇化发展规模水平分区域等级统计　　　表 5-8

年份	等级	低	较低	中等	较高	高
2005	东部	26	41	25	5	4
	中部	58	34	13	4	0
	西部	58	13	3	2	0
2006	东部	14	43	31	10	3
	中部	56	34	15	4	0
	西部	53	16	5	2	0
2007	东部	18	49	25	6	3
	中部	61	32	13	3	0
	西部	57	14	3	2	0

续表

年份	等级	低	较低	中等	较高	高
2008	东部	19	46	24	9	3
	中部	56	35	14	4	0
	西部	54	16	4	2	0
2009	东部	19	49	22	8	3
	中部	60	34	11	4	0
	西部	56	14	4	2	0
2010	东部	22	47	22	7	3
	中部	62	37	6	4	0
	西部	58	13	3	2	0
2011	东部	21	46	24	6	4
	中部	65	34	7	3	0
	西部	56	13	4	2	1
2012	东部	16	47	24	10	4
	中部	60	35	11	3	0
	西部	56	13	5	1	1
2013	东部	20	49	21	7	4
	中部	63	34	9	3	0
	西部	56	13	4	2	1
2014	东部	17	48	24	8	4
	中部	64	34	7	4	0
	西部	56	13	4	2	1
2015	东部	23	43	22	9	4
	中部	57	41	7	4	0
	西部	53	16	4	2	1

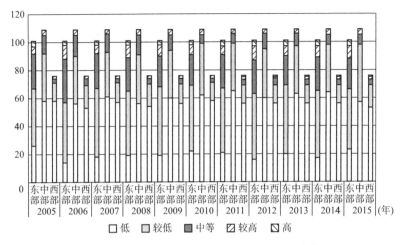

图 5-15 2005—2015 年城镇化规模水平的地域分布图

东部地区作为我国社会经济发展的先行区，城镇化进程起步早，增速快，因此整体的城镇化发展规模水平也相对较高。从城镇化发展规模的水平值来看，规模等级为高和较高的样本城镇几乎都分布在东部地区，尤其是高等级城镇全部分布在东部地区（主要分布在长三角、珠三角和京津冀三大城市群，以特大城市为主）。同时东部地区内的低等级样本城镇个数也很少。

中部地区城镇化发展质量水平低于东部地区，除武汉、郑州等省会城市发展质量水平较高外，其他样本城镇主要都以较低等级城镇为主。东北地区由于气候环境条件的因素，除沈阳、长春、哈尔滨等省会城市城镇化发展规模水平相对较高外，其他城镇的发展规模水平均较低，主要以低和较低等级城镇为主。

西部地区城镇化进程起步晚，城镇化发展规模水平相比较东中部地区最低，除成都、重庆和西安等省会城市和直辖市发展质量水平较高外，其他广大的样本城镇发展规模水平均较低，主要以低和较低等级城镇为主。

5.3 中国城镇化协调发展水平测度与分析

5.3.1 中国城镇化协调发展耦合度测度与分析

根据第4章构建的城镇化发展水平测度模型和前面计算得到的城镇化发展规模和发展质量的得分值,可以计算得到2005—2015年各样本城镇城镇化耦合度(图5-16)。从结果可以看出,2005—2015年全国各样本城镇的整体耦合度水平较高,且较为稳定,除黑河、普洱、崇左、丽水等个别城镇耦合度水平较低外,大部分样本城镇的耦合度 C 值维持在 0.80—1.00 之间,这说明绝大部分样本城镇的城镇化发展规模和发展质量具有较高的相关性,这也与理论构建部分分析的城镇化发展规模和发展质量的相互关系相吻合。

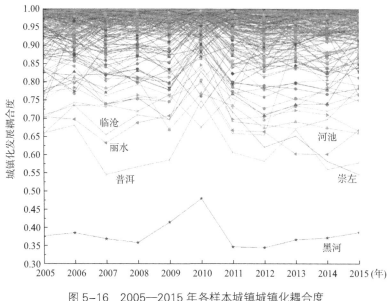

图 5-16　2005—2015 年各样本城镇城镇化耦合度

5.3.2 中国城镇化协调发展水平测度与分析

但由于耦合度只能反映城镇化发展质量和城镇化发展规模的相关程度，很难体现二者的协调发展水平，在计算结果中可能存在低水平的耦合，这对于研究的意义不大，因此在耦合基础上计算协调度。根据前面对城镇化发展水平作出的概念界定，选取城镇化发展规模与发展质量的协调度值（D）的大小来表征城镇化发展水平值的高低，即 D 值越大表明城镇化水平越高，发展越协调；反之，D 值越小说明水平越低，越不协调。基于 2005—2015 年城镇化发展规模和发展质量的得分值和耦合度可以计算得到全国各样本城镇的城镇化协调度。

5.3.2.1 整体变化趋势

从全国层面来看，2005—2015 年全国整体的城镇化协调发展水平（图 5-17）维持在稳定水平值，整体上下浮动较小。从变化趋势上来说，呈现出低水平的上升趋势，这与近些年来城镇化发展由注重规模和速度转移到注重城镇化质量上，城镇化发展转型和提质升级的政策是分不开的。

从各个样本城镇的从综合协调发展水平的整体变化来看（图 5-18），与全国整体的协调发展水平呈现出相同的变化趋势，即低水平上升的趋势，这也很好地印证和解释了全国整体的城镇化协调发展水平的变化趋势。同时也可以看出，特大城市和大城市拥有较高的城镇化协调发展水平，这与特大城市和大城市拥有较高的城镇化发展规模和发展质量是密不可分的，中小城镇的发展协调水平相对较低。

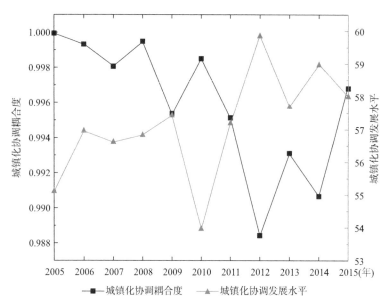

图 5-17 2005—2015 年全国整体城镇协调发展水平

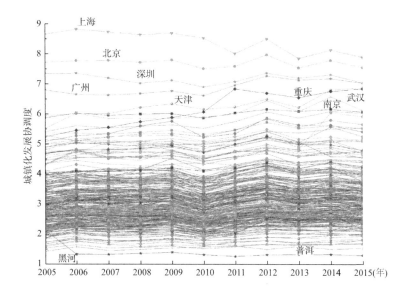

图 5-18 2005—2015 年各样本城镇的城镇协调发展水平

5.3.2.2 水平值区间划分及分布

参考目前普遍采纳的协调度水平类型划分（赵芳，2009；钱力，2014；张春梅，2013；Ma，2018），本书中将城镇化发展协调水平划分为八级（表5-9），等级越高，协调度越高；反之，等级越低，协调度越低。从结果可以看出，在具体的水平值大小上相对比较集中年均协调度在2—4，这也说明全国大多数城镇的城镇化协调度整体水平偏低。上海、北京、深圳、广州、重庆等特大城市的城镇化协调度较高。黑河整体的城镇化协调度在2005—2015年度均最低，其次为普洱、河池、陇南、临沧等中西部中小城市。

城镇化发展协调水平等级划分　　表5-9

级别	协调度（D）区间	等级类型
一级	$D=0$	完全不协调
二级	（0，4）	严重不协调
三级	［4，5）	中度不协调
四级	［5，6）	轻度不协调
五级	［6，7）	基本协调
六级	［7，8）	良好协调
七级	［8，10）	优质协调
八级	$D=10$	完全协调

根据上述区间分级，可以进一步统计2005—2015年间不同发展水平协调度区间段的样本个数（如表5-10和图5-19）。从统计数据来看，在研究区间内，受到各种因素和发展现状的制约，全国各样本城镇均不存在完全不协调和完全协调两种极端情况；协调水平值在区间（0，4）之间的样本城镇占了最大比重，各年度的占比均在80%以上（平均比重达85%），这也说明全国大多数城镇的城镇化发展规模和发展质量存在严重的不协调，这与长期以来我国在城镇化进程中偏重规模发展、轻视质量提升的发展偏好有关，也

凸显了城镇化发展转型和提质升级的必要性;其次占比较高的是协调度区间在[4,5)之间的样本城镇,平均占比在8.7%左右,处于这一区间段的样本城镇城镇化发展中度不协调;协调度区间在[5,6)之间的样本城镇,平均占比在3.8%左右,主要以东中部地区的省会城市为主,处于这一区间段的样本城镇城镇化发展轻度不协调;协调度区间在[6,7)之间的样本城镇,平均占比在1.14%左右,主要以广州、南京、天津、成都等城市为主,处于这一区间段的样本城镇城镇化发展处于基本协调阶段;协调度区间在[7,8)和[8,10)之间的样本城镇属于城镇化发展协调度较好的发展阶段,两个阶段的平均占比分别在0.86%和0.25%左右,主要以上海、北京、深圳等特大城市为主(表5-10)。

2005—2015年各样本城镇不同协调发展水平区间统计个数(个)

表5-10

协调水平等级区间(年)	2005	2006	2007	2008	2009	2010	2011	2012	2013	2014	2015
完全不协调	0	0	0	0	0	0	0	0	0	0	0
严重不协调	251	246	248	247	244	252	242	235	238	235	242
中度不协调	22	23	21	23	25	19	27	29	30	30	25
轻度不协调	9	13	13	11	12	9	10	13	10	11	10
基本协调	1	1	1	3	2	4	4	5	4	6	5
良好协调	2	2	2	1	2	1	3	3	3	3	4
优质协调	1	1	1	1	1	1	0	1	0	1	0
完全协调	0	0	0	0	0	0	0	0	0	0	0

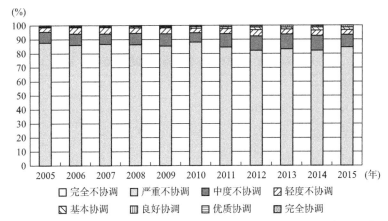

图 5-19 2005—2015 年全国各样本城镇城镇化发展协调水平区间分布占比

5.3.2.3 地域空间分布

从 2005—2015 年城镇化发展水平协调度的地域分布来看（表 5-11 和图 5-20），城镇化发展水平协调度在地域空间上也呈现出明显的地域特征，按照样本城镇城镇化发展水平协调度值的高低从西往东依次递增，具体表现为东部地区城镇化水平协调度相对较高，中部地区和西部地区的城镇化协调发展水平相对较低。

城镇化协调发展水平分区域等级统计　　　表 5-11

年份	等级	完全不协调	严重不协调	中度不协调	轻度不协调	基本协调	良好协调	优质协调	完全协调
2005	东部	0	78	13	6	1	2	1	0
	中部	0	101	7	1	0	0	0	0
	西部	0	72	2	2	0	0	0	0
2006	东部	0	75	15	7	1	2	1	0
	中部	0	103	3	3	0	0	0	0
	西部	0	72	2	2	0	0	0	0

续表

年份	等级	完全不协调	严重不协调	中度不协调	轻度不协调	基本协调	良好协调	优质协调	完全协调
2007	东部	0	76	14	7	1	2	1	0
	中部	0	101	5	3	0	0	0	0
	西部	0	72	1	3	0	0	0	0
2008	东部	0	75	15	6	3	1	1	0
	中部	0	100	7	2	0	0	0	0
	西部	0	72	1	3	0	0	0	0
2009	东部	0	75	15	6	2	2	1	0
	中部	0	100	6	3	0	0	0	0
	西部	0	71	2	3	0	0	0	0
2010	东部	0	79	11	5	3	2	1	0
	中部	0	101	6	2	0	0	0	0
	西部	0	72	1	2	1	0	0	0
2011	东部	0	72	17	5	3	4	0	0
	中部	0	100	6	3	0	0	0	0
	西部	0	70	3	2	1	0	0	0
2012	东部	0	69	18	8	2	3	1	0
	中部	0	99	6	3	1	0	0	0
	西部	0	68	5	1	2	0	0	0
2013	东部	0	70	19	6	2	4	0	0
	中部	0	100	6	2	1	0	0	0
	西部	0	68	5	2	1	0	0	0
2014	东部	0	69	19	6	3	3	1	0
	中部	0	99	6	3	1	0	0	0
	西部	0	68	5	1	2	0	0	0

续表

年份	等级	完全不协调	严重不协调	中度不协调	轻度不协调	基本协调	良好协调	优质协调	完全协调
2015	东部	0	74	15	6	2	4	0	0
	中部	0	100	5	3	1	0	0	0
	西部	0	68	5	1	2	0	0	0

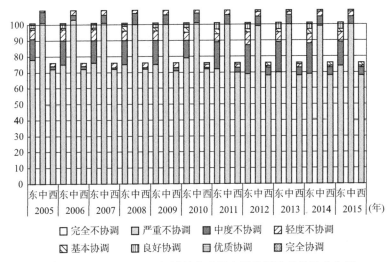

图 5-20 2005—2015 年城镇化发展水平协调度的地域分布图

东部地区作为我国社会经济发展的先行区，在实现城镇化规模增长的同时也逐步关注社会民生、公共服务设施建设、环境保护和科技创新等，城镇化发展质量也得到了较大提升。因此，城镇化发展协调度较中西部地区也相对较高。从城镇化发展协调度的水平值来看，城镇化发展水平协调度较高样本城镇几乎都分布在东部地区，尤其是发展良好协调和优质协调的城镇全部分布在东部地区（城镇化协调发展水平最高的上海、北京和深圳均分布在长三角、珠三角和京津冀三大城市群）。中西部地区由于城镇化发展基础相对较弱，在城镇化发展的初期更多地侧重在发展规模上，同时受到地区社会经济发展水平的制约，在城镇化发展质量上也普遍落后于东部地区。

因此，在城镇化发展协调度水平上，中西部地区整体低于东部地区，除重庆、成都、武汉等直辖市和省会城市发展协调度较高外，其他样本城镇均处于严重不协调阶段。

从省域尺度来看，直辖市和省会城市均是省域范围内城镇化发展协调度最高的城市，这与实际的发展情况也是吻合的。

5.4 中国城镇化协调发展水平动态分析

5.4.1 中国城镇化协调发展水平路线拟合

前章中构建的 QS 模型还是停留在理论构想上，若想将模型运用到样本城镇的实证分析中，还必须明确模型的刻度标准，得到较为理想的城镇化发展路线的拟合函数，在此基础上，绘制城镇化协调发展水平基准区间带。根据理论构建部分所规定的，城镇化发展规模与城镇化发展质量是表征城镇化协调发展水平的两个主要方面，两者是城镇化协调发展水平二维象限的横纵坐标的表征值，因此可以用来拟合城镇化协调发展水平的发展路线。根据计算得到的 2005—2015 年全国各样本城市的城镇化发展规模和发展质量水平值，结合理论模型构建部分对城镇化发展质量和发展规模关系的描述，本书中利用 SPSS 软件分别采用幂函数、指数函数和线性函数对数据进行曲线拟合，拟合结果如图 5-21 和表 5-12 所示。

不同模拟模型汇总和参数估计值　　　　表 5-12

方程	模型汇总					参数估计值	
	R 方	F	df1	df2	Sig.	常数	b1
线性	0.997	619.843	1	2	0.002	3.223	0.924
幂	0.999	3 093.511	1	2	0.000	1.634	0.870
指数	0.932	27.219	1	2	0.035	8.806	0.038

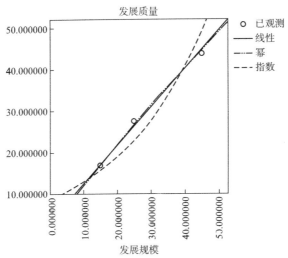

图 5-21 不同模型的城镇化协调发展路线拟合

从拟合的结果来看，线性模型、幂函数以及指数函数的拟合度比较高，三者都能满足研究的需要。但从实际的情况来看，在城镇化发展的过程中，由于受到不同社会经济发展水平的影响，恒斜率的城镇化发展路线基本不存在。一方面，受到城市行政边界和城市用地的限制，城市规模不会无限地增长，在达到一定规模尺度之后会维持在一个稳定的水平状态，因此从这一点上来说，城镇化发展规模是不会无限制地增长的，在达到一定规模之后会趋于稳定，增长幅度不明显，尤其是城镇的土地规模表现得最为明显。另一方面，代表城镇化发展质量的社会经济水平、文化和科技创新等要素理论上是可以趋于无穷的，因此从理论上来说，城镇化发展质量水平的提升可以是无限的。因此，指数函数的拟合结果符合现阶段城镇化发展的实际情况，因此选取指数函数较为合适。综上所述，城镇化发展规模和发展质量的关系模拟曲线函数（公式5-1）为：

$$\hat{y} = 8.806 e^{0.038x} \quad （公式5\text{-}1）$$

根据前面的概念定义，本书借鉴吴季松（2013）等学者对新型城镇化指标体系的相关研究，他认为在新型城镇化发展过程中各项指标允许上下浮动15%。因此，本书将协调发展水平基准区间界定为绝对理想化路线上下波动15%构成的区间。因此可得到两条基准区间线的函数表达式（公式5-2和公式5-3），并绘制函数图像（如图5-22所示）。

$$y_{上} = 10.127e^{0.038x} \quad （公式5-2）$$

$$y_{下} = 7.485e^{0.038x} \quad （公式5-3）$$

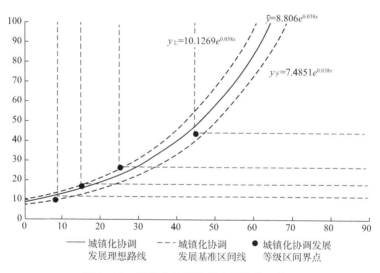

图 5-22 城镇化协调发展水平函数图像

最后在模型上添加刻度标准值的横、纵坐标水平参考线，即可得到一个包含城镇化协调发展拟合曲线、城镇化协调发展基准区间带和等级区间线的模型（图5-22）。定量化的QS模型已经具备了数学精准度，可以进一步应用于全国各样本城镇城镇化协调发展水平动态分布的实证分析（图5-23）。

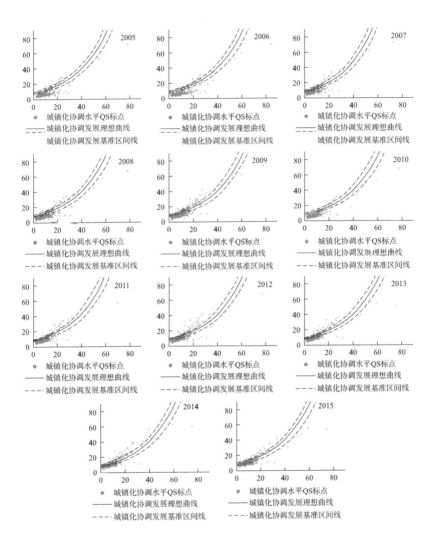

图 5-23 2005—2015 年度全国各样本城镇城镇化协调发展分布图

5.4.2 城镇化协调发展状态指数

根据第 4 章理论构建部分的定义，以各样本城镇的城镇化质量水平和规模水平得分值可以构建城镇化水平的 QS 标点，根据各样本城镇在模型中的分布位置可以将城镇化发展倾向分为"Q 状态"（城镇化质量水平发展超前于城镇化规模水平）、"S 状态"（城镇化规模水平发展超前于城镇化质量水平）和"协调发展状态"（城镇化质量水平发与城镇化规模水平发展协调，即 QS 标点落在基准区间内）。基于 2005—2015 年城镇化发展规模和发展质量的数据可以得到国各样本城镇城镇化发展状态指数，具体见表 5-13。

2005—2015 年度全国各样本城镇城镇化发展状态指数　　　表 5-13

年份	城镇化状态	城市个数（个）	占比（%）	发展状态指数 DI	Dmn
2005	发展质量领先（Q 状态）	54	18.88	0.1770	0.2857
	发展规模领先（S 状态）	189	66.08		
	城镇化协调发展	43	15.03		
2006	发展质量领先（Q 状态）	55	19.23	0.2068	0.3022
	发展规模领先（S 状态）	182	63.64		
	城镇化协调发展	49	17.13		
2007	发展质量领先（Q 状态）	65	22.73	0.3180	0.4276
	发展规模领先（S 状态）	152	53.15		
	城镇化协调发展	69	24.13		
2008	发展质量领先（Q 状态）	63	22.03	0.3000	0.4013
	发展规模领先（S 状态）	157	54.90		
	城镇化协调发展	66	23.08		
2009	发展质量领先（Q 状态）	71	24.83	0.4974	0.5917
	发展规模领先（S 状态）	120	41.96		
	城镇化协调发展	95	33.22		

续表

年份	城镇化状态	城市个数（个）	占比（%）	发展状态指数 Dl	Dmn
2010	发展质量领先（Q 状态）	48	16.78	0.1260	0.2330
	发展规模领先（S 状态）	206	72.03		
	城镇化协调发展	32	11.19		
2011	发展质量领先（Q 状态）	70	24.48	0.5053	0.5833
	发展规模领先（S 状态）	120	41.96		
	城镇化协调发展	96	33.57		
2012	发展质量领先（Q 状态）	91	31.82	0.7439	1.2466
	发展规模领先（S 状态）	73	25.52		
	城镇化协调发展	122	42.66		
2013	发展质量领先（Q 状态）	76	26.57	0.6158	0.7525
	发展规模领先（S 状态）	101	35.31		
	城镇化协调发展	109	38.11		
2014	发展质量领先（Q 状态）	91	31.82	0.6158	1.0581
	发展规模领先（S 状态）	86	30.07		
	城镇化协调发展	109	38.11		
2015	发展质量领先（Q 状态）	75	26.22	0.5543	0.6881
	发展规模领先（S 状态）	109	38.11		
	城镇化协调发展	102	35.66		

按照第 4 章构建的模型判断条件，可以根据 Dl 和 Dmn 两个指数来判断不同年份各城镇化样本的整体城镇化发展倾向。从表 5-9 和图 5-24 的分析结果可知，2005—2015 年期间，除 2012 年和 2014 年整体呈现出 "Q 状态"（发展质量领先状态）外，其他年份均整体呈现出 "S 状态"（发展规模领先状态），尤其是

2010年，受全球经济危机影响，国内经济形势出现下滑，致使城镇化发展质量的相关投入相对减少，因而城市化发展规模倾向的比重相对上升。这说明，从全国大的尺度来看，呈现出城镇化发展规模领先倾向的样本城镇还是占较大比重，这从2005年至2015年的城镇化样本QS标点分布图中也可以看出（图5-23），这与长期以来我国在城镇化进程中"重规模轻质量"的发展方式是密不可分的，同时这也凸显了我国城镇化发展转型和提质升级的必要性。

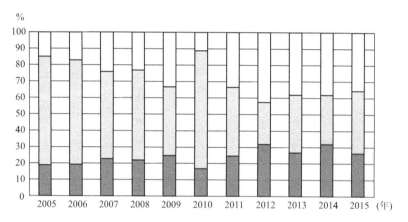

图5-24　2005—2015年度全国各样本城镇城镇化发展状态分布占比

从单个年份的发展状态和分布占比来看（图5-23和图5-24），2005—2015年处于城镇化发展规模领先状态的样本城镇数在逐渐减少，所占比重也由2005年的66.08%下降到2015年的38.11%；处于城镇化发展质量领先状态的样本城镇数量在逐渐增加，所占比重也由2005年的18.88%增加到2015年的26.22%；处于城镇化发展协调状态的样本城镇个数也在逐渐增加，所占比重由2005年的15.03%增加到2015年的35.66%。城镇化发展协调倾向是本书在理论构建部分定义的比较理想化的城镇化发展方式，它反映出某一城镇或地区在城镇化进程中城镇化发展质量和发展规模呈现比较高的协调发展态势。2005—2015年处于城镇化发展协调状态的样本城镇数量逐渐增加，所占比重也由2005年的15.03%增加到2015年的35.66%，反映出部分城镇管理者意识到了城镇化进程中协调发展的重要性，在保持城镇化发展规模的基础上，也越来越重视城镇化发展质量。

5.4.3 城镇化协调发展偏离程度指数

在了解城镇化协调发展水平倾向的基础上，可以进一步计算单体城镇的城镇化协调发展水平与理想路线的偏离程度。按照理论构建部分的方法，对于发展质量超前的城镇，应该计算其发展规模与理想路线的偏离程度；反之，对于发展规模超前的城镇，应该计算其发展质量的偏离程度。以理想路线为界，理想路线下方的发展水平标点都纳入"Q状态"的计算范围，理想路线上方的发展水平标点都纳入"S状态"的计算范围，从而得到2005—2015年各样本城镇发展偏离程度，通过汇总计算可以得到不同年份所有样本城镇整体的S状态偏离程度、Q状态偏离程度和城镇化发展总体偏离程度（表5-14和图5-25）。

2005—2015年整体城镇化发展偏离度　　　　　　　表5-14

年份	城镇化发展总体偏离程度	S状态偏离程度	Q状态偏离程度
2005	9 906.46	9 074.90	831.56
2006	9 169.89	8 532.77	637.13
2007	8 186.08	6 953.15	1 232.93
2008	8 616.78	7 488.99	1 127.79
2009	7 506.01	6 053.49	1 452.53
2010	10 788.62	10 749.72	428.47
2011	7 282.04	5 959.36	1 322.67

续表

年份（年）	城镇化发展总体偏离程度	S状态偏离程度	Q状态偏离程度
2012	6 531.01	4 257.75	2 273.26
2013	6 629.40	5 148.55	1 480.85
2014	6 574.21	4 608.02	1 966.19
2015	6 806.96	5 577.81	1 229.15

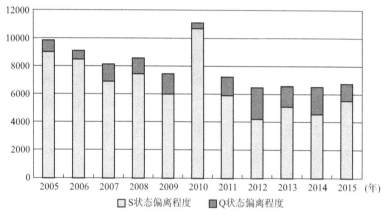

图5-25 2005—2015年整体城镇化发展偏离度

通过对数据分析可以看出，2005—2015年，城镇化发展总体偏离度在逐渐变小，由2005年的9 906.46下降到2015年的6 806.96，这说明整体上全国各地级市的城镇化发展是在朝着协调发展的方向发展。其中，2010年出现较大的波动，整体偏离度增加到10 788.62，这与前面城镇化发展协调度测度以及城镇化发展状态指数部分的计算结果也是吻合的。从S状态的整体偏离度来看基本与总体偏离程度保持一致的变化趋势，其整体偏离度数值逐年变小，由2005年的9 074.90下降到2015年的5 577.81，这说明一方面处于发展规模领先的样本城镇个数在减少，另一方面处于S状态的样本城镇偏离协调发展状态的幅度在减小；而从Q状态的整体偏离度来看数值逐渐增加,由 2005 年的 831.56 增加到 2015 年的 1 229.15,这也说明处于发展质量领先状态的样本城镇个数在逐渐增加。

5.4.4　城镇化协调发展向好速率指数

基于上面城镇化发展偏离度的计算结果,可以进一步计算得到各样本城镇 2005—2015 年的城镇化发展向好速率(图 5-26)。根据第 4 章节理论模型构建部分的规定,可以根据向好速率值的大小(正负值情况)来判断城镇化发展过程中的短板效应是扩大还是缩小。

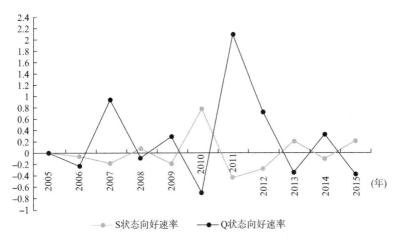

图 5-26　2005—2015 年不同状态下城镇化发展向好速率图

从整体上来看,两个状态下的发展向好速率表现出一定的负向相关性,即当"Q 状态"的向好速率为负值时,"S 状态"的向好速率为正值;同样,即当"S 状态"的向好速率一般为负值时,"Q 状态"的向好速率则为正值。当然也存在一定的特殊情况(如2006 年,城镇化发展规模和发展质量的向好速率均为负值,说明城镇化发展规模和发展质量同时得到了改善,从而整体的协调发展水平也得到了有效提升)。这也印证了前面理论构建部分提出的城镇化发展规模和发展质量的相互关系。

"Q 状态"下的城镇化发展规模向好速率,整体经历了较大的波动。其中 2006 年、2008 年、2010 年、2013 年和 2015 年的向好速率值小于 0,说明这几年的城镇化发展规模改善,发展规模的短板效应减小,也就是说这几年的城镇化发展规模的发展领先于城镇化发展质量,这与前期的城镇化发展状态指数和发展偏离度的计算结果也是吻合的;2007 年、2009 年、2011 年和 2014 年这四年发展规模的向好速率值均大于 0,说明发展规模的短板效应在扩大,也就是发展质量在逐步改善,城镇化发展质量的发展领先于城镇化发展规模。

"S 状态"下的城镇化质量向好速率,虽然也经历了整体的上下浮动,但浮动小于"Q 整体"。其中,2008 年、2010 年、2013 年和 2015 年这四年的发展速率值大于 0,说明这四年的城镇化发展质量没有得到改善,短板效应在扩大,而同时城镇化发展规模的发展领先于城镇化发展质量;其余的 2006 年、2007 年、2009 年、2011 年、2012 年和 2014 年这六年城镇化发展质量的向好速率值均小于 1,说明城镇化发展质量得到了有效的改善和提升,其短板效应逐渐减小,这与前期城镇化发展状态指数和发展偏离度的计算结果也是相吻合的。同时从向好速率正负值年份个数也可以看出,城镇化发展质量向好速率为负值的年份明显多于正值的年份,这也说明研究区内城镇化发展质量的改善明显,其城镇化发展的协调度在不断提高。

第 6 章
中国城镇化协调发展水平空间效应及其驱动力分析

6.1 空间权重矩阵的选择和确定

如前面理论构建模型部分所指出的，在本书中计算城镇化发展空间效应时，主要采用 Queen 邻接空间矩阵和 Rook 二阶邻接矩阵两种。

在空间自相关计算时，采用 Queen 邻接矩阵。主要是由于 Queen 邻接矩阵除了共有边界邻区外还包括共同顶点的邻区。由此可见，基于 Queen 邻接的空间矩阵常常与周围地区具有更加紧密的关联结构（拥有更多的邻区），因而相较于 Rook 一阶空间矩阵仅用共同边界来定义邻接关系，采用 Queen 空间矩阵更为合适。

在采用空间面板自回归进行空间关联分析时采用 Rook 二阶空间权重矩阵。Rook 二阶邻接矩阵表示了一种空间滞后的邻接矩阵，该矩阵表达了邻接的相邻地区的空间信息。当使用时空数据并假设随着时间推移产生空间溢出效应时，这种类型的空间权重矩阵将非常有用，在这种情况下，特定地区的初始效应或随机冲击将不仅会影响其邻近地区，而且随着时间的推移还会影响其周围的相邻地区。因此，采用 Rook 二阶空间权重矩阵来进行空间权重赋值更为合适。

6.2 中国城镇化协调发展水平空间效应分析

6.2.1 城镇化发展空间相关性分析

6.2.1.1 全局空间自相关分析

通过全局自相关分析,可以探寻不同城镇或地域之间的聚集效应。根据第4章理论构建部分所提出的,采取全局Moran's I指数来表征城镇化发展规模、发展质量和发展水平的全局自相关。

(1)城镇化发展规模全局自相关分析

通过计算可以得到2005—2015年全国286个样本城镇城镇化发展规模的全局自相关Moran's I数值。从数值上来看,城镇化发展规模2005—2015年的全局空间相关性整体较高,均在0.23以上,说明全国样本城镇呈现出较明显的正相关关系,也就是说在一定的区域内存在着空间聚集效应。

具体来看(图6-1),城镇化发展规模全局空间相关性大致经过了两个发展阶段:第一阶段是从2005—2010年,城镇化发展规模的全局自相关在振荡中呈现缓慢下降的趋势,Moran's I数值由2005年的0.298下降到2010年的0.262;第二阶段是从2011—2015年,除去2013年出现较大的回落之外,城镇化发展规模的全局自相关进入缓慢上升阶段,Moran's I数值由2011年的0.278上升到2015年的0.294。从整体上来看,2005—2015年,中国的城镇化发展规模呈现出了显著的全局自相关,也就是表现出一定的空间聚集效应。

通过计算可以得到2005—2015年各样本城镇的全局Moran's I散点图,通过对结果进行分析和可视化,可以得到城镇化发展规模全局自相关统计表(表6-1)和空间分布图(图6-2)。从统计表的结果可以看出,处于"高—高"聚集①和"低—低"聚集的样本城镇占了较大比重,其中"低—低"聚集比重最高,平均占比都在34%以上;"高—低"聚集和"低—高"聚集的样本城镇所占比重相对较小。这说明在城镇化发展规模上,全国各样本城镇呈现出较强的空间聚集效应,也就是说在相邻的地域空间上存在着较强的发展规模聚集,且以低城镇化发展规模与低城镇化发展规模的聚集最为明显。

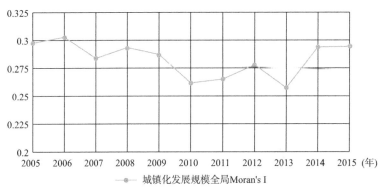

图 6-1 2005—2015 年全国样本城镇的城镇化发展规模全局 Moran's I 数值

2005—2015 年各样本城镇全局自相关不同类型占比统计(%) 表 6-1

年份(年)	2005	2006	2007	2008	2009	2010	2011	2012	2013	2014	2015
高—高	30.66	31.71	30.66	30.66	30.66	30.66	30.66	30.66	30.66	30.66	30.66
高—低	16.38	14.98	16.38	16.38	16.38	16.38	16.38	16.38	16.38	16.38	16.38
低—高	17.77	17.07	17.77	17.77	17.77	17.77	17.77	17.77	17.77	17.77	17.77
低—低	34.84	35.89	34.84	34.84	34.84	34.84	34.84	34.84	34.84	34.84	34.84

---

① 在空间相关性分析中,"高—高"聚集指的是空间要素高值的地区聚集在一起;"低—低"聚集指的是空间要素低值的地区聚集在一起;"高—低"聚集指的是本地区为空间要素的高值区域,但是周边地区为空间要素的低值区域;"低—高"聚集指的是本地区为空间要素的低值区域,但是周边地区为空间要素的高值区域。在本书中,城镇化自相关的全局分析和局部分析中均表示此含义,以下不再作具体解释。

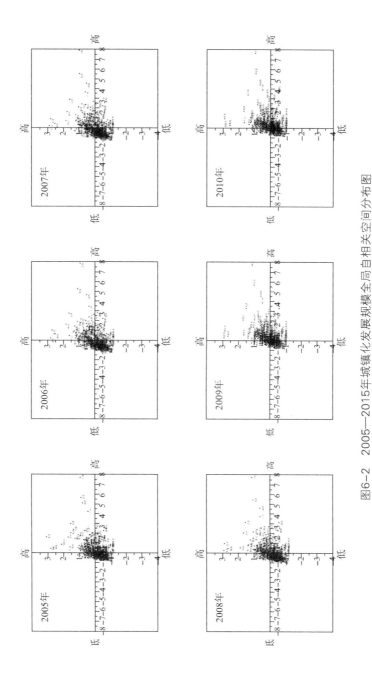

图6-2 2005—2015年城镇化发展规模全局自相关空间分布图

第6章 中国城镇化协调发展水平空间效应及其驱动力分析

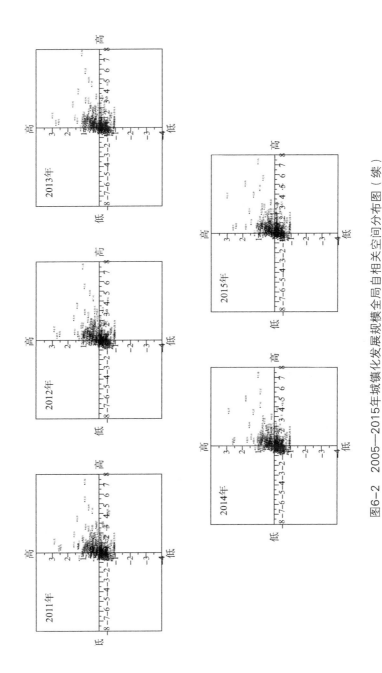

图6-2 2005—2015年城镇化发展规模全局自相关空间分布图（续）

从城镇化发展规模全局自相关空间分布图（图6-2）来看，2005—2015年各样本城镇的发展规模全局自相关的空间分布较为固定。研究期内仅石家庄、张家口、宜昌等15个样本城镇[①]的城镇化发展规模全局自相关分析结果发生了变化，其余样本城镇发展规模的全局自相关结果均未发生变化。

从"高—高"聚集的空间分布上来看，主要集中在江苏省大部分地区、浙江省北部地区、上海市、山东省大部分地区、河南省中部和北部地区、京津冀地区、辽宁省大部分地区、珠三角地区和闽东南沿海地区等区域。从区域尺度上来看，主要集中分布在长三角城市群、珠三角城市群、京津冀城市群、山东半岛城市群、辽中南城市群和海峡西岸城市群等区域。这种区域上的空间聚集与国家社会发展政策和各地区的发展基础密不可分。改革开放以来，国家实行东部地区率先发展的非均衡发展战略，加上长期以来东部地区在发展中累积下来的发展优势，有力推动了东部地区的城镇化进程，尤其是城镇化发展规模的发展。随着改革开放的不断深化，加上不同地区间自身条件的差异，更进一步推动了东部地区城镇化规模的步伐，从而使得长三角城市群、珠三角城市群、京津冀城市群、山东半岛城市群、辽中南城市群和海峡西岸城市群为代表的东部地区在城镇化发展规模上与其他地区差距更为明显，在发展规模的聚集效应上也更为明显。

从"低—低"聚集的空间分布上来看，主要集中在黑龙江、内蒙古、陕西、宁夏、甘肃、广西、江西、湖北、湖南、云南、贵州、西藏等中部地区、西北地区、西南地区和东北地区区域。

---

① 发生变化的15样本城镇分别为大同、菏泽、江门、锦州、荆州、九江、梅州、衢州、三明、上饶、石家庄、阳江、宜昌、张家口。

这些区域较东部沿海地区无论是在政策优势、经济基础和发展先天条件上都存在一定的弱势,因而城镇化进程明显落后于东部地区,加上人口的大量外流和经济发展的滞后,在城镇化发展规模上明显低于东部沿海地区,呈现出"低—低"聚集的空间效应。

"高—低"聚集地区和"低—高"聚集地区零星分散在各省份,占比也相对较少。在地区分布上主要以江西、山西、湖北、重庆、四川、贵州等地区为主。其中,"高—低"聚集地区主要以西南和中部地区的省会城市和直辖市(如重庆)为主,"低—高"聚集地区则主要为省会城市、区域中心城市周边分布的地级市。

(2)城镇化发展质量全局自相关分析

通过计算可以得到 2005—2015 年全国 286 个样本城镇城镇化发展质量的全局自相关 Moran's I 数值。从数值上来看,城镇化发展规模 2005—2015 年的全局空间相关性整体较高,均在 0.275 以上,说明全国样本城镇在城镇化发展质量上呈现出较明显的正相关关系,也就是说在一定的区域内存在着空间聚集效应。

具体来看(图 6-3),城镇化发展质量全局空间相关性大致经过了三个发展阶段:第一阶段从 2005—2009 年,城镇化发展质量的全局自相关呈现出相关性逐渐上升的趋势,Moran's I 数值由 2005 年的 0.282 上升到 2009 年的 0.321,增幅达到 13.56%;第二阶段始于 2009 年之后,城镇化发展质量的全局自相关又急剧下降,由 2009 年的 0.321 下降到 2010 年的 0.281,降幅达 12.27%。2010 年之后至 2013 年,城镇化发展质量的全局自相关又重新进入显著性上升的阶段,并于 2013 年 Moran's I 数值达到最高值 0.331,

增幅达 17.5%；第三阶段从 2014—2015 年，城镇化发展规模的全局自相关数值又重新进入逐渐下降的阶段，并于 2015 年 Moran's I 数值达到最低值 0.276。从整体上来看，2005—2015 年，中国的城镇化发展质量呈现出了显著的全局自相关，也就是表现出一定的空间聚集效应。

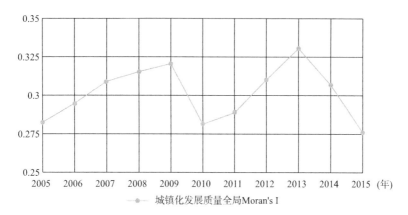

图 6-3　2005—2015 年全国样本城镇的城镇化发展质量全局 Moran's I 数值

通过计算可以得到 2005—2015 年各样本城镇的发展质量全局 Moran's I 散点图，通过对结果进行分析和可视化，可以得到城镇化发展质量全局自相关统计表（表 6-2）和空间分布图（图 6-4）。

2005—2015 年各样本城镇发展质量全局自相关不同类型占比统计（%）

表 6-2

年份（年）	2005	2006	2007	2008	2009	2010	2011	2012	2013	2014	2015
高—高	30.66	30.66	30.66	30.66	30.66	30.66	30.66	30.66	30.66	30.66	30.66
高—低	16.38	16.38	16.38	16.38	16.38	16.38	16.38	16.38	16.38	16.38	16.38
低—高	17.77	17.77	17.77	17.77	17.77	17.77	17.77	17.77	17.77	17.77	17.77
低—低	34.84	34.84	34.84	34.84	34.84	34.84	34.84	34.84	34.84	34.84	34.84

第6章 中国城镇化协调发展水平空间效应及其驱动力分析

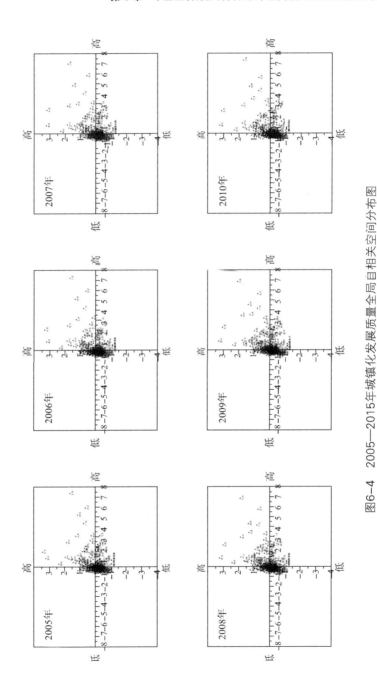

图6-4 2005—2015年城镇化发展质量全局目相关空间分布图

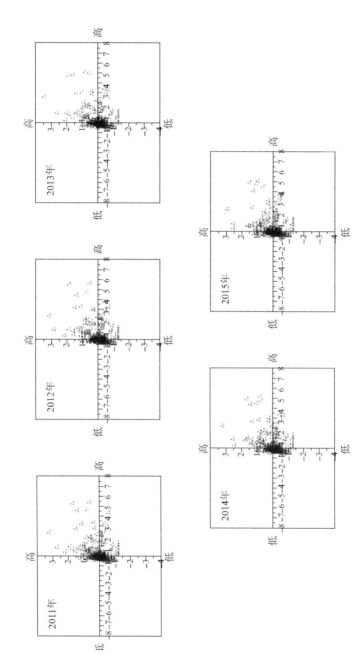

图6-4 2005—2015年城镇化发展质量全局自相关空间分布图（续）

第6章 中国城镇化协调发展水平空间效应及其驱动力分析

从统计表 6-2 的结果可以看出，处于"高—高"聚集和"低—低"聚集的样本城镇个数占了绝大多数，其中"低—低"聚集的样本城镇的占比均达到 34.84%，"高—高"聚集的样本城镇占比均达到 30.66%；而处于"高—低"聚集和"低—高"聚集的样本城镇个数占比则相对较少。由此可以看出：一方面，在城镇化发展质量上，全国各样本城镇呈现出较强的空间聚集效应，也就是说在相邻的地域空间上存在着较强的发展质量聚集现象；另一方面，在城镇化发展质量的空间聚集上，主要以"高—高"聚集为主和"低—低"聚集，也就是说城镇化发展质量较高的城镇和城镇化发展质量较低的城镇呈现出较强的空间聚集，这一定程度上也反映出城镇化发展质量的"马太效应"。

从城镇化发展质量全局自相关空间分布图（图 6-4）来看，2005—2015 年各样本城镇的城镇化发展质量全局自相关分析结果未发生变化，由此可以看出各样本城镇的发展质量全局自相关的空间分布区域较为固定，与城镇化发展规模的空间自相关表现出相同的空间分布特征。

从"高—高"聚集的空间分布上来看，主要集中在江苏省大部分地区、浙江省北部地区、上海市、山东省大部分地区、河南省中部和北部地区、京津冀地区、辽宁省大部分地区、珠三角地区和闽东南沿海地区等区域。从区域尺度上来概括，主要集中分布在长三角城市群、珠三角城市群、京津冀城市群、山东半岛城市群、辽中南城市群和海峡西岸城市群等区域。这种区域上的空间聚集与国家社会发展政策和各地区的发展基础密不可分。改革开放以来，国家实行东部地区率先发展的非均衡发展战略，东部地区尤其是以长三角、珠三角和京津冀三大城市群为代表的东部沿海地区社会经济得到了飞速的发展，社会民生和公共设施得到较大提升，生态环境得到较大改善。同时随着东部地区的产业结构的转型升级，东部地区的科技创新水平和经济效益都得到了较大提升。在不同因素的综合作用下，东部地区的城镇化发展质量水平得到了大幅度的提升，加上长期以来东部地区在发展中累积下来的发展优势，有力推动了东部地区的城镇化发展质量的发展。随着改革开放的不断深化，加上不同地区间自身条件的差异，更进一步推动了东部地区城镇化发展质量的提升，在发展质量的聚集效应上也更为明显。

从"低—低"聚集的空间分布上来看，主要集中在黑龙江、内蒙古、陕西、宁夏、甘肃、广西、江西、湖北、湖南、云南、贵州、西藏等中部地区、西北地区、西南地区和东北地区区域。这些区域较东部沿海地区无论是在政策优势、经济基础还是发展先天条件上都存在一定的弱势，因而社会经济的发展水平明显滞后于东部地区，在社会发展质量、公共服务水平、科技创新水平、经济效益等诸多方面都落后于东部地区，从而城镇化发展质量也明显落后于东部地区。因此在空间聚集上，这类地区的全局自相关更多表现为"低—低"聚集的空间效应。

"高—低"聚集地区和"低—高"聚集地区零星分散在各省份，占比也相对较少，在地区分布上主要以江西、山西、湖北、重庆、四川、贵州等地区为主。其中，"高—低"聚集地区主要以西南和中部地区的省会城市和直辖市（如重庆）为主，"低—高"聚集地区则主要为省会城市、区域中心城市周边分布的地级市。

（3）城镇化协调发展水平全局自相关分析

通过计算可以得到2005—2015年全国286个样本城镇城镇化协调发展水平的全局自相关Moran's I数值。从数值上来看，2005—2015年城镇化协调发展水平的全局空间相关性整体较高，均在0.415以上，且城镇化协调发展水平的空间全局自相关明显高于城镇化发展规模和发展质量。说明全国样本城镇在城镇化协调发展水平上呈现出较明显的正相关关系,即在一定的区域内存在着空间聚集效应。

具体来看(图6-5),城镇化协调发展水平全局空间相关性大致经过了三个发展阶段:第一阶段从2005—2009年,城镇化协调发展水平的全局自相关呈现出相关性缓慢上升的趋势,Moran's I 数值由2005年的0.423上升到2009年的0.435,并于2008年Moran's I 数值达到最高值0.437,增幅达到3.27%;第二阶段始于2009年之后,城镇化协调发展水平的全局自相关出现回落,Moran's I 数值由2009年的0.435下降到2010年的0.416。2010—2012年期间,城镇化协调发展水平整体呈现出上升趋势,Moran's I 数值由2010年的0.416上升到2012年的0.431;第三阶段始于2012年之后,城镇化协调发展水平自相关出现再次出现下降趋势,Moran's I 数值由2012年的0.431下降到2015年的0.419。整体上来看,2005—2015年,中国的城镇化协调发展水平呈现出了显著的全局自相关,也就是表现出一定的空间聚集效应。

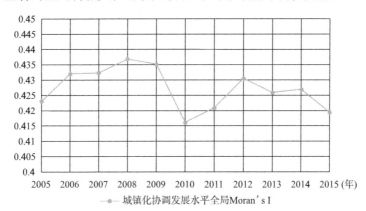

图6-5 2005—2015年全国样本城镇的城镇化协调发展水平全局Moran's I 数值

通过计算可以得到2005—2015年各样本城镇的协调发展水平的全局Moran's I 散点图,通过对结果进行分析和可视化,可以得到城镇化协调发展水平全局自相关统计表（表6-3）和空间分布图（图6-6）。

2005—2015年城镇化协调发展水平全局自相关不同类型占比统计（%）

表6-3

年份（年）	2005	2006	2007	2008	2009	2010	2011	2012	2013	2014	2015
高—高	30.66	30.66	30.66	30.66	30.66	30.66	30.66	30.66	30.66	30.66	30.66
高—低	16.38	16.38	16.38	16.38	16.38	16.38	16.38	16.38	16.38	16.38	16.38
低—高	17.77	17.77	17.77	17.77	17.77	17.77	17.77	17.77	17.77	17.77	17.77
低—低	34.84	34.84	34.84	34.84	34.84	34.84	34.84	34.84	34.84	34.84	34.84

从统计表6-3的结果可以看出，处于"高—高"聚集和"低—低"聚集的样本城镇个数占了绝大多数，其中"高—高"聚集样本城镇的占比均达到30.66%，"低—低"聚集的样本城镇占比均达到34.84%；处于"高—低"和"低—高"聚集的样本城镇相对较少。由此可以看出：一方面，在城镇化协调发展水平上，全国各样本城镇呈现出较强的空间聚集效应，也就是说在相邻的地域空间上城镇化协调发展水平高的城镇更容易产生聚集效应；另一方面，在城镇化协调发展水平的空间聚集上，主要以"高—高"聚集和"低—低"聚集为主，也就是说发展水平较高的城镇呈现出较强的空间聚集，而低发展水平的城镇的空间聚集效应则不明显。

从城镇化协调发展水平全局自相关空间分布图（图6-6）来看，2005—2015年各样本城镇的协调发展水平全局自相关的空间分布区域较为固定，各样本城镇的协调发展水平全局自相关分析结果未发生变化，与城镇化发展规模和发展质量的空间自相关表现出相同的空间分布特征，这也说明城镇化协调发展水平在空间上呈现出高低分化愈加明显的"马太效应"。

第6章 中国城镇化协调发展水平空间效应及其驱动力分析

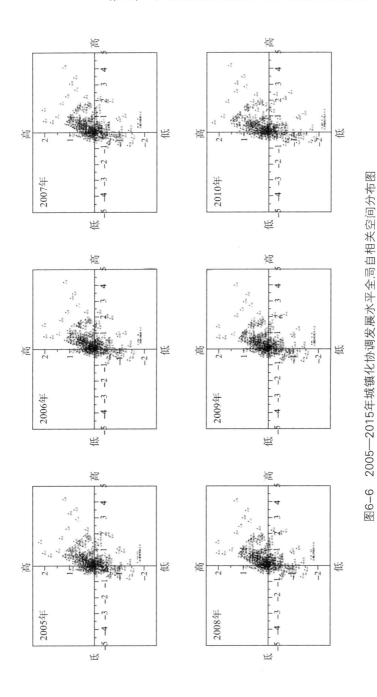

图6-6 2005—2015年城镇化协调发展水平全局自相关空间分布图

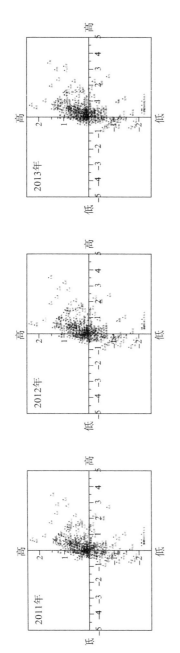
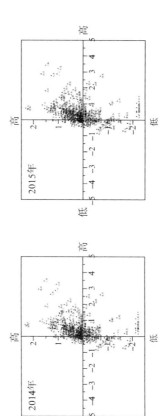

图6-6 2005—2015年城镇化协调发展水平全局自相关空间分布图（续）

第6章　中国城镇化协调发展水平空间效应及其驱动力分析

从"高—高"聚集的空间分布上来看，主要集中在江苏省大部分地区、浙江省北部地区、上海市、山东省大部分地区、河南省中部和北部地区、京津冀地区、辽宁省大部分地区、珠三角地区和闽东南沿海地区等区域。从区域尺度上来概括，主要集中分布在长三角城市群、珠三角城市群、京津冀城市群、山东半岛城市群、辽中南城市群和海峡西岸城市群等区域。这种区域上的空间聚集与国家社会发展政策和各地区的发展基础密不可分。东部地区由于政策优势和地区发展优势，在实现城镇化发展规模的快速增加的同时，更加注重城镇化发展质量的提升，率先将城镇化发展的重点由规模、数量的增加转移到城镇化质量的提质升级上。尤其是以长三角、珠三角和京津冀为核心的三大城市群，作为全国城镇化协调发展水平最高的区域，一方面在城镇化发展规模上领先于国内其他城镇地区；另一方面由于社会经济的发展和发展观念的转变和强大的经济基础，有更多的资金可以投入城镇公共服务和社会福利水平的提升上，因而城镇化发展质量得到了快速的提升，三大城市群也成了全国城镇化协调发展水平最高的区域（城镇化协调发展水平最高的上海、北京、深圳、广州等均分布在此区域），因而此区域的城镇化协调发展水平空间聚集效应也最明显。

从"低—低"聚集的空间分布上来看，主要集中在黑龙江、内蒙古、陕西、宁夏、甘肃、广西、江西、湖北、湖南、云南、贵州、西藏等中部地区、西北地区、西南地区和东北地区区域。这些区域较东部沿海地区无论是在政策优势、经济基础还是发展先天条件上都存在一定的弱势，因而在城镇化发展规模和发展质量上都落后于东部地区，从而城镇化协调发展水平明显落后于东部地区。因此在空间聚集上，这类地区的全局自相关更多表现为"低—低"聚集的空间效应。

"高—低"聚集地区和"低—高"聚集地区零星分散在各省份,占比也相对较少,在地区分布上主要以江西、山西、湖北、重庆、四川、贵州等地区为主。其中,"高—低"聚集地区主要以西南和中部地区的省会城市和直辖市(如重庆)为主,"低—高"聚集地区则主要为省会城市、区域中心城市周边分布的地级市。

6.2.1.2 局部空间自相关分析

通过全局自相关 Moran's I 的计算结果分析,可以发现中国城镇化发展规模、发展质量和协调发展水平在地级市尺度上均存在着全局自相关,即存在着空间聚集效应。但全局自相关无法反映局部地区的空间自相关,即无法反映出局部地区是否存在着辐射效应。因此,通过局部空间自相关的 Local Moran's I 分析可以得到相关的分析结果。

在 Local Moran's I 的散点图中,处于第 I、III 象限的"高—高"聚集和"低—低"聚集的样本城镇表现为局部正相关(包含高值聚集和低值聚集两种),即在空间上存在着辐射效应。这表明,高(低)空间自相关值的样本城镇对其相邻样本城镇存在着辐射作用。处于第 II、IV 象限的"低—高"聚集和"高—低"聚集的样本城镇表现为局部负相关,即在空间上表现为离散,不存在辐射效应。因此本书中在分析城镇化城镇化空间局部自相关时,也主要考虑处于第 I、III 象限的局部辐射效应。

(1)城镇化发展规模局部自相关分析

通过计算可以得到 2005—2015 年全国 286 个样本城镇城镇化发展规模的局部自相关 Moran's I 散点图和 LISA 图。筛选通过 5%显著性水平检验的样本城镇,可以得到符合要求的散点图统计表(表 6-4)和分布表(表 6-5)。

2005—2015年全国286个样本城镇城镇化发展规模散点图统计表　表6-4

年份	高—高	高—低	低—高	低—低
2005	20	13	1	20
2006	22	11	2	23
2007	18	12	2	21
2008	18	11	6	20
2009	18	11	4	18
2010	18	10	7	18
2011	19	12	7	18
2012	22	9	6	20
2013	23	9	5	19
2014	23	9	5	20
2015	19	9	4	19

2005—2015年全国城镇化发展规模局部自相关空间分布表　表6-5

年份	局部自相关类型			
	高—高	高—低	低—高	低—低
2005	保定、东莞、广州、惠州、开封、上海、泰州、张家口、唐山、崇左、黄石、大庆、苏州、白城、湖州、天津、常州、南京、中山、衡阳	柳州、乌鲁木齐、承德、广安、宣城、资阳、西宁、曲靖、白山、平凉、三亚、临汾、孝感	白银	固原、安庆、呼伦贝尔、丽江、临沧、陇南、攀枝花、武威、榆林、张掖、普洱、安康、安顺、包头、张家界、河池、大同、中卫、巴彦淖尔、六盘水
2006	保定、东莞、广州、惠州、嘉兴、开封、上海、泰州、张家口、唐山、崇左、景德镇、黄石、郑州、大庆、白银、苏州、白城、镇江、克拉玛依、深圳、海口	柳州、乌鲁木齐、重庆、承德、广安、宣城、资阳、西宁、曲靖、白山、平凉	湖州、保山	三亚、固原、安庆、呼伦贝尔、丽江、临沧、陇南、攀枝花、武威、榆林、张掖、普洱、安康、安顺、包头、昭通、张家界、安阳、河池、酒泉、大同、中卫、鞍山

续表

年份	局部自相关类型			
	高—高	高—低	低—高	低—低
2007	保定、东莞、广州、湖州、惠州、嘉兴、开封、上海、泰州、天津、张家口、唐山、崇左、景德镇、黄石、郑州、大庆、绍兴	柳州、乌鲁木齐、重庆、承德、广安、宣城、资阳、三亚、西宁、曲靖、白山、平凉	白银、保山	固原、安庆、呼伦贝尔、丽江、临沧、陇南、攀枝花、武威、榆林、张掖、普洱、安康、安顺、包头、昭通、张家界、安阳、河池、黄山、酒泉、大同
2008	保定、东莞、广州、湖州、惠州、嘉兴、开封、上海、泰州、天津、张家口、咸阳、唐山、苏州、崇左、兰州、景德镇、盐城	柳州、乌鲁木齐、重庆、承德、广安、宣城、资阳、三亚、西宁、曲靖、白山	白银、保山、赤峰、黄石、漯河、厦门	固原、安庆、呼伦贝尔、丽江、临沧、陇南、攀枝花、武威、榆林、张掖、普洱、安康、安顺、包头、昭通、张家界、安阳、河池、黄山、巴彦淖尔
2009	保定、东莞、广州、湖州、惠州、嘉兴、开封、上海、泰州、天津、张家口、白城、咸阳、唐山、镇江、苏州、崇左、芜湖	柳州、乌鲁木齐、重庆、承德、广安、宣城、资阳、三亚、西宁、平凉、曲靖	白银、保山、赤峰、黄石	固原、安庆、呼伦贝尔、丽江、临沧、六盘水、陇南、攀枝花、武威、榆林、张掖、中卫、普洱、安康、安顺、包头、昭通、张家界
2010	保定、常州、东莞、广州、湖州、惠州、嘉兴、开封、上海、泰州、天津、张家口、克拉玛依、白城、巴中、泸州、四平、咸阳	柳州、乌鲁木齐、重庆、承德、广安、宣城、资阳、三亚、西宁、平凉	白银、保山、赤峰、黄石、漯河、百色、丽水	固原、安庆、呼伦贝尔、丽江、临沧、六盘水、陇南、攀枝花、曲靖、武威、榆林、张掖、中卫、安阳、河池、普洱、安康、安顺

续表

年份	局部自相关类型			
	高—高	高—低	低—高	低—低
2011	保定、常州、东莞、广州、湖州、惠州、嘉兴、开封、廊坊、上海、深圳、泰州、唐山、天津、海口、郑州、南京、张家口、镇江	柳州、乌鲁木齐、重庆、承德、广安、宣城、资阳、临汾、固原、安庆、三亚、白山	白银、保山、赤峰、黄石、漯河、百色、鄂州	呼伦贝尔、丽江、临沧、六盘水、陇南、攀枝花、曲靖、武威、榆林、张掖、中卫、安阳、汕头、宜春、包头、河池、黄山、昭通
2012	保定、常州、东莞、广州、湖州、惠州、嘉兴、开封、廊坊、上海、深圳、苏州、泰州、唐山、天津、海口、崇左、大庆、郑州、南京、张家口、镇江	柳州、乌鲁木齐、西宁、重庆、承德、广安、宣城、资阳、临汾	白银、保山、赤峰、黄石、丽水、漯河	固原、呼伦贝尔、酒泉、丽江、临沧、六盘水、陇南、攀枝花、普洱、曲靖、武威、榆林、张掖、安康、安庆、安顺、中卫、安阳、北京、张家界
2013	保定、常州、东莞、广州、湖州、惠州、嘉兴、开封、廊坊、上海、深圳、苏州、泰州、唐山、天津、中山、海口、克拉玛依、兰州、白城、崇左、大庆、莆田	柳州、三亚、乌鲁木齐、西宁、重庆、承德、广安、宣城、白山	白银、百色、保山、赤峰、黄石	固原、呼伦贝尔、酒泉、丽江、临沧、六盘水、陇南、攀枝花、普洱、曲靖、武威、榆林、张掖、安康、安庆、安顺、汕头、宜春、中卫
2014	保定、常州、东莞、佛山、广州、湖州、惠州、嘉兴、开封、廊坊、平顶山、上海、深圳、苏州、泰州、唐山、天津、郑州、中山、海口、克拉玛依、昆明、兰州	柳州、三亚、乌鲁木齐、西宁、重庆、承德、广安、宣城、资阳	白银、百色、保山、赤峰、定西	固原、呼伦贝尔、怀化、酒泉、丽江、临沧、六盘水、陇南、攀枝花、普洱、曲靖、武威、榆林、张掖、安康、安庆、安顺、安阳、鞍山、巴彦淖尔

续表

年份	局部自相关类型			
	高—高	高—低	低—高	低—低
2015	保定、常州、东莞、佛山、广州、湖州、惠州、嘉兴、开封、廊坊、平顶山、上海、深圳、苏州、泰州、唐山、天津、郑州、中山	海口、克拉玛依、昆明、兰州、柳州、三亚、乌鲁木齐、西宁、重庆	承德、广安、宣城、资阳	白银、百色、保山、赤峰、定西、固原、呼伦贝尔、怀化、酒泉、丽江、临沧、六盘水、陇南、攀枝花、普洱、曲靖、武威、榆林、张掖

结合局部自相关的空间分布表（表6-5）可知：

整体上"高—高"聚集主要集中在京津冀、长三角和珠三角地区，并且随着城镇化进程的推进逐渐扩大到中原城市群地区（2006年开始）和山东半岛城市群地区（2008年开始）。其中京津冀地区的规模聚集最为明显，北京和天津作为两大发展核心，在其本身城镇化发展规模不断扩大的同时，也带动周边城镇规模的不断扩大，尤其是20世纪90年后之后开始的撤县设区的改革，更进一步加剧了这一地区城镇化发展规模的聚集效应；长三角作为全国城镇化协调发展水平相对较高的区域，其城镇化发展规模也呈现出一定的区域聚集现象，但由于受到江苏和浙江两省内部不均衡发展的制约，上海的辐射效应有限，因此在地域分布上更多的是集中在了苏南、浙北和上海等地区。同时随着上海区位的限制，其城镇化发展规模的增长也逐渐放缓，2007年后该区域的城镇规模聚集主要集中在苏南和浙北地区；珠三角地区为我国对外开放最早的区域，城镇化进程起步早，发展速度快，因而也是城镇化发展规模区域聚集较为明显的区域之一，但受其地理区位影响，其辐射效应更多集中在珠三角区域内部，对其周边地区辐射效应难以显现。中原城市群和山东半岛城市群在国家政策和资金的扶持下，逐渐成为新的区域增长中心，随着城镇规模的不断扩大，区域内的规模聚集效应越发明显。

"低—低"聚集主要集中在西北地区、西南地区、中部地区和东北地区，其中西北地区的低值聚集效应最为明显，中部地区的低值聚集效应随着时间推移逐渐改善，西南地区和东北地区的低值聚集效应相对较为稳定。其中，西北地区的低值聚集主要集中在甘肃和宁夏两个省区，西南地区的低值聚集主要集中分布在云南和广西两个省区内，中部地区的低值聚集主要零星分布在湖南和江西两个地区，东北地区的低值聚集主要分布在内蒙古与黑龙江邻近地区的部分城镇。这几个区域之所以在城镇化发展规模上呈现出低值聚集的辐射效应，一方面受到区位条件和发展基础的影响，这类地区经济发展较为缓慢；另一方面，这类地区的人口基数小，人口流动主要表现为外流，从而导致人口规模增加缓慢。两者的综合影响，使得几个地区的城镇化规模增长缓慢，在区域内呈现出"低—低"聚集的空间效应。

另外，表现出"高—低"聚集和"低—高"聚集的样本城镇和地区反映出该类地区的城镇化发展规模在空间上呈现出离散效应，即不具有辐射效应。该类地区分布较为零散，因此，本书不对这部分地区进行分析。

（2）城镇化发展质量局部自相关分析

通过计算可以得到2005—2015年全国286个样本城镇城镇化发展质量的局部自相关Moran's I散点图和LISA图。筛选通过5%显著性水平检验的样本城镇，可以得到符合要求的散点图统计表（表6-6）和空间分布表（表6-7）。

2005—2015 年全国 286 个样本城镇城镇化发展质量散点图统计表

表 6-6

年份	高—高	高—低	低—高	低—低
2005	20	9	4	13
2006	23	10	3	16
2007	19	9	5	11
2008	22	10	3	12
2009	21	11	6	14
2010	20	11	6	14
2011	21	8	4	18
2012	22	9	5	12
2013	27	8	5	16
2014	26	7	5	15
2015	19	9	4	12

2005—2015 年全国城镇化发展质量局部自相关空间分布表　表 6-7

年份	局部自相关类型			
	高—高	高—低	低—高	低—低
2005	东莞、广州、惠州、开封、上海、白城、湖州、天津、常州、深圳、四平、镇江、泰州、佛山、保定、崇左、巴中、芜湖、铜川、淄博	柳州、乌鲁木齐、承德、宣城、西宁、三亚、广安、临汾、资阳	白银、保山、双鸭山、防城港	呼伦贝尔、陇南、攀枝花、张掖、安康、昭通、曲靖、北京、六盘水、张家界、安顺、固原、榆林
2006	东莞、广州、惠州、开封、上海、白城、湖州、天津、常州、深圳、四平、镇江、泰州、佛山、保定、崇左、平顶山、巴中、咸宁、苏州、芜湖、荆州、汕尾	柳州、乌鲁木齐、承德、宣城、西宁、三亚、广安、临汾、资阳、南阳	白银、保山、厦门	呼伦贝尔、陇南、攀枝花、张掖、安康、昭通、曲靖、北京、六盘水、张家界、安顺、拉萨、武威、临沧普洱、固原

续表

年份	局部自相关类型			
	高—高	高—低	低—高	低—低
2007	东莞、广州、惠州、开封、上海、白城、湖州、天津、常州、深圳、四平、镇江、泰州、佛山、保定、昆明、崇左、平顶山、巴中	柳州、乌鲁木齐、承德、宣城、西宁、三亚、广安、临汾、资阳	白银、保山、张家口、双鸭山、庆阳	呼伦贝尔、陇南、攀枝花、榆林、张掖、安康、昭通、曲靖、北京、六盘水、张家界
2008	东莞、广州、惠州、开封、上海、白城、湖州、天津、常州、深圳、四平、镇江、泰州、佛山、保定、昆明、盐城、咸宁、崇左、苏州、芜湖、中山	柳州、乌鲁木齐、承德、宣城、西宁、三亚、广安、临汾、资阳、重庆	白银、保山、宝鸡	呼伦贝尔、陇南、攀枝花、榆林、张掖、安康、昭通、曲靖、北京、六盘水、张家界、安顺
2009	东莞、广州、惠州、开封、上海、白城、湖州、天津、常州、深圳、四平、镇江、平顶山、泰州、佛山、保定、昆明、盐城、咸宁、崇左、苏州	柳州、乌鲁木齐、承德、宣城、西宁、三亚、广安、临汾、资阳、重庆、南阳	白银、保山、赤峰、张家口、厦门、宝鸡	拉萨、呼伦贝尔、陇南、攀枝花、榆林、张掖、安康、昭通、曲靖、北京、六盘水、安庆、张家界、武威
2010	东莞、广州、惠州、开封、上海、白城、湖州、天津、常州、深圳、四平、芜湖、巴中、镇江、平顶山、来宾、泰州、佛山、莆田、中山	柳州、乌鲁木齐、承德、宣城、西宁、三亚、广安、临汾、拉萨、资阳、重庆	白银、保山、赤峰、双鸭山、庆阳、张家口	呼伦贝尔、临沧、陇南、攀枝花、榆林、张掖、安康、安顺、中卫、昭通、曲靖、北京、六盘水、六安

续表

年份	局部自相关类型			
	高—高	高—低	低—高	低—低
2011	东莞、广州、惠州、开封、上海、白城、湖州、天津、常州、深圳、四平、芜湖、巴中、镇江、平顶山、来宾、保定、泰州、铜川、大庆、昆明	柳州、乌鲁木齐、承德、宣城、西宁、三亚、广安、临汾	白银、保山、赤峰、厦门	安庆、呼伦贝尔、临沧、陇南、攀枝花、榆林、张掖、安康、安顺、中卫、拉萨、昭通、曲靖、张家界、武威、酒泉、普洱、北京
2012	东莞、广州、惠州、开封、上海、白城、湖州、天津、常州、深圳、四平、佛山、商丘、芜湖、巴中、镇江、莆田、平顶山、来宾、保定、泰州、南京	柳州、乌鲁木齐、承德、宣城、西宁、三亚、资阳、重庆、广安	双鸭山、白银、保山、赤峰、厦门	安庆、呼伦贝尔、临沧、陇南、攀枝花、榆林、张掖、安康、安顺、中卫、拉萨、昭通
2013	东莞、广州、惠州、开封、上海、白城、湖州、天津、常州、深圳、四平、佛山、商丘、盐城、芜湖、巴中、三明、淄博、镇江、兰州、莆田、平顶山、来宾、商洛、铜川、威海、咸宁	柳州、乌鲁木齐、承德、宣城、西宁、三亚、资阳、重庆	双鸭山、白银、保山、赤峰、厦门	广安、曲靖、安庆、呼伦贝尔、临沧、陇南、攀枝花、榆林、张掖、安康、安顺、张家界、武威、中卫、酒泉、拉萨
2014	保定、东莞、广州、惠州、开封、上海、泰州、崇左、大庆、苏州、白城、湖州、天津、常州、深圳、四平、佛山、商丘、咸阳、盐城、芜湖、巴中、庆阳、三明、双鸭山、淄博	柳州、乌鲁木齐、承德、广安、宣城、西宁、三亚	白银、保山、赤峰、宝鸡、厦门	曲靖、安庆、呼伦贝尔、临沧、陇南、攀枝花、榆林、张掖、安康、安顺、张家界、六盘水、普洱、昭通、北京

续表

年份	局部自相关类型			
	高—高	高—低	低—高	低—低
2015	保定、东莞、广州、惠州、开封、上海、泰州、崇左、大庆、苏州、白城、湖州、天津、常州、南京、深圳、四平、佛山、商丘	柳州、乌鲁木齐、承德、广安、宣城、资阳、西宁、三亚、重庆	白银、保山、赤峰、宝鸡	曲靖、安庆、呼伦贝尔、临沧、陇南、攀枝花、榆林、张掖、安康、安顺、张家界、六盘水

结合局部自相关的空间分布表（表6-7）可知：

整体上"高—高"聚集主要集中在京津冀、长三角、珠三角和山东半岛城市群等地区，受到社会经济发展宏观形势的影响，城镇化发展质量在区域层面也表现出相同的变化趋势，尤其是在2010年和2013年出现发展质量空间聚集的回落，这与前面城镇化发展质量测度指数的变化趋势也是吻合的。其中，长三角城市群的发展质量聚集效应最为明显，而且随着时间的推移，长三角地区的城镇化质量"高—高"聚集区域从以上海、苏南和浙北地区为主，逐步扩大到涵盖江苏中部和安徽省部分城镇。以上海、南京和杭州为核心城市的长三角区域覆盖了两省一市社会经济水平最为发达的主要区域，同时其本身也是全国的经济中心。随着区域内部社会经济发展水平的不断提高，区域内产业结构的转型升级和民生福利水平的不断提升，区域内各城镇的城镇化发展质量普遍得到了大幅度提升，区域内城镇化发展质量的高值聚集效应不断加强。同时，紧邻长三角核心区的安徽省，利用其区位优势，积极调整发展对策，主动融入长三角，

2012年开始马鞍山、合肥等城镇也逐渐呈现出一定的辐射效应。京津冀城市群的城镇化发展质量聚集效应经历了由高到低再逐渐回升的曲折过程，北京和天津作为京津冀的两大发展核心，其本身具有显著的辐射效应，但由于两大核心的极化作用过强，导致周边城镇"造血"不足，从而城镇化发展质量的地区聚集不明显，北京和天津对周边城市的辐射效应也不如长三角明显。珠三角地区为我国对外开放最早的区域，城镇化进程起步早，经济发展水平和社会福利水平高，因而也是城镇化发展质量区域聚集较为明显的区域之一。与城镇化发展规模的辐射效应类似，受地理区位影响，其辐射效应更多集中在珠三角区域内部，对其周边地区辐射效应难以显现。山东半岛城市群在国家政策和资金的扶持下，逐渐成为新的区域增长中心，随着城镇化进程的推进和社会经济的发展，其区域内的质量聚集效应越发明显，高值辐射效应越发显著。

"低—低"聚集主要集中在西北地区、西南地区、中部地区和东北地区，其中西北地区和西南地区的低值聚集效应最为明显，且分布地域上相对较为稳定，中部地区和东北地区低值聚集效应显著性较低，仅为零星城镇分布。其中，西北地区的低值聚集主要集中在甘肃，甘肃省受到地理区位和发展基础的影响，经济水平和社会福利水平较东中部地区相对较低，而且长期以来的重工业为主的发展方式也产生了各类环境问题，从而导致城镇化发展质量相对较低，区内低值聚集的辐射效应较为显著。西南地区虽然生态环境相对较好，但由于地理区位和发展基础的影响，整体的经济水平和社会福利水平相对较低，从而导致整体的城镇化发展质量较低，区域内城镇化发展质量的低值聚集效应显著。

另外，表现出"高—低"聚集和"低—高"聚集的样本城镇和地区反映出该类地区的城镇化发展质量在空间上呈现出离散效应，即不具有辐射效应。该类地区分布较为零散，主要集中在重庆、四川和新疆等地。本书不对这部分地区进行分析。

（3）城镇化协调发展水平局部自相关分析

通过计算可以得到2005—2015年全国286个样本城镇城镇化协调发展水平的局部自相关Moran's I散点图和LISA图。筛选通过5%显著性水平检验的样本城镇，可以得到符合要求的散点图统计表（表6-8）和空间分布表（表6-9）。

2005—2015年全国286个样本城镇城镇化协调发展水平散点图统计表

表6-8

年份	高—高	高—低	低—高	低—低
2005	28	11	3	14
2006	38	10	2	15
2007	37	11	4	12
2008	34	11	3	13
2009	37	12	2	12
2010	36	11	4	12
2011	37	13	3	12
2012	36	11	3	15
2013	36	10	4	15
2014	35	11	3	12
2015	34	12	2	11

2005—2015年全国城镇化发展协调水平局部自相关空间分布表

表6-9

年份	局部自相关类型			
	高—高	高—低	低—高	低—低
2005	东莞、广州、惠州、开封、上海、湖州、天津、常州、深圳、四平、镇江、泰州、保定、巴中、芜湖、淄博、滨州、大庆、达州、白城、中山、铜川、黄石、廊坊、咸宁、新乡、漯河、厦门	柳州、乌鲁木齐、承德、宣城、三亚、广安、临汾、榆林、重庆、西宁、资阳	白银、保山、防城港	固原、呼伦贝尔、陇南、攀枝花、张掖、安康、安顺、昭通、安庆、玉溪、北京、张家界、普洱、武威
2006	东莞、广州、惠州、开封、上海、湖州、天津、常州、深圳、四平、镇江、泰州、保定、崇左、巴中、芜湖、淄博、昆明、滨州、大庆、达州、白银、苏州、白城、南京、中山、威海、唐山、嘉兴、荆州、兰州、广元、郑州、铜川、黄石、商丘、来宾、齐齐哈尔	柳州、乌鲁木齐、承德、宣城、三亚、广安、临汾、榆林、重庆、西宁	保山、防城港	曲靖、固原、呼伦贝尔、陇南、攀枝花、张掖、安康、安顺、昭通、安庆、临沧、玉溪、酒泉、北京、延安

续表

年份	局部自相关类型			
	高—高	高—低	低—高	低—低
2007	东莞、广州、惠州、开封、上海、湖州、天津、常州、深圳、四平、镇江、泰州、佛山、保定、崇左、巴中、芜湖、淄博、昆明、滨州、大庆、达州、白银、苏州、平顶山、白城、咸阳、南京、盐城、中山、威海、唐山、嘉兴、伊春、荆州、兰州、广元	柳州、乌鲁木齐、承德、宣城、三亚、广安、临汾、榆林、重庆、资阳、曲靖	保山、防城港、定西、赤峰	固原、呼伦贝尔、陇南、攀枝花、张掖、安康、安顺、昭通、安庆、临沧、张家界、玉溪
2008	东莞、广州、惠州、开封、上海、湖州、天津、常州、深圳、四平、镇江、泰州、佛山、保定、崇左、巴中、芜湖、淄博、昆明、滨州、大庆、达州、白银、苏州、平顶山、白城、咸阳、海口、南京、盐城、中山、廊坊、威海、唐山	柳州、乌鲁木齐、承德、宣城、三亚、广安、临汾、榆林、重庆、资阳、曲靖	保山、防城港、定西	固原、呼伦贝尔、陇南、攀枝花、张掖、安康、安顺、昭通、安庆、临沧、张家界、酒泉、玉溪

续表

年份	局部自相关类型			
	高—高	高—低	低—高	低—低
2009	东莞、广州、惠州、开封、上海、湖州、天津、常州、深圳、四平、镇江、泰州、佛山、保定、崇左、巴中、芜湖、淄博、咸宁、马鞍山、昆明、滨州、大庆、达州、白银、郑州、苏州、平顶山、阳江、庆阳、克拉玛依、白城、咸阳、海口、南京、泸州、徐州	柳州、乌鲁木齐、承德、宣城、西宁、三亚、广安、临汾、榆林、重庆、资阳、曲靖	保山、防城港	固原、呼伦贝尔、陇南、攀枝花、张掖、安康、安顺、昭通、安庆、临沧、张家界、酒泉
2010	东莞、广州、惠州、开封、上海、湖州、天津、常州、深圳、四平、镇江、泰州、佛山、保定、崇左、巴中、芜湖、铜川、淄博、咸宁、马鞍山、昆明、滨州、新乡、黄石、大庆、达州、盐城、白银、莆田、郑州、苏州、平顶山、阳江、庆阳、克拉玛依	柳州、乌鲁木齐、承德、宣城、西宁、三亚、广安、临汾、榆林、重庆、资阳	保山、赤峰、定西、邢台	固原、呼伦贝尔、陇南、攀枝花、张掖、安康、北京、安顺、曲靖、六盘水、昭通、普洱

续表

年份	局部自相关类型			
	高—高	高—低	低—高	低—低
2011	东莞、广州、惠州、开封、上海、白城、湖州、天津、常州、深圳、四平、镇江、泰州、佛山、保定、崇左、巴中、芜湖、铜川、淄博、咸宁、中山、漯河、廊坊、马鞍山、嘉兴、昆明、滨州、新乡、黄石、大庆、达州、商丘、盐城、威海、咸阳、白银	柳州、乌鲁木齐、承德、宣城、西宁、三亚、广安、临汾、榆林、重庆、资阳、固原、安庆	保山、赤峰、百色	呼伦贝尔、陇南、攀枝花、张掖、安康、北京、安顺、临沧、张家界、曲靖、六盘水、中卫
2012	东莞、广州、惠州、开封、上海、白城、湖州、天津、常州、深圳、四平、镇江、泰州、佛山、保定、崇左、巴中、芜湖、铜川、淄博、咸宁、中山、漯河、廊坊、马鞍山、嘉兴、昆明、莆田、郑州、滨州、新乡、黄石、大庆、苏州、海口、达州	柳州、乌鲁木齐、承德、宣城、西宁、三亚、广安、临汾、榆林、重庆、资阳	保山、赤峰、定西	呼伦贝尔、陇南、攀枝花、张掖、安康、北京、安顺、固原、临沧、安庆、张家界、酒泉、曲靖、昭通、普洱

续表

年份	局部自相关类型			
	高—高	高—低	低—高	低—低
2013	东莞、广州、惠州、开封、上海、白城、湖州、天津、常州、深圳、四平、镇江、泰州、佛山、保定、崇左、巴中、芜湖、铜川、淄博、平顶山、咸宁、厦门、中山、商丘、漯河、廊坊、马鞍山、嘉兴、昆明、莆田、郑州、滨州、新乡、阳江、伊春	柳州、乌鲁木齐、承德、宣城、西宁、三亚、广安、临汾、榆林、重庆	保山、赤峰、定西、黄石	呼伦贝尔、陇南、攀枝花、张掖、安康、北京、安顺、固原、临沧、安庆、张家界、酒泉、曲靖、武威、六盘水
2014	东莞、广州、惠州、开封、上海、白城、湖州、天津、常州、深圳、四平、镇江、泰州、佛山、保定、崇左、巴中、芜湖、铜川、淄博、防城港、平顶山、咸宁、厦门、盐城、中山、大庆、商丘、威海、漯河、廊坊、马鞍山、双鸭山、苏州、嘉兴	柳州、乌鲁木齐、承德、宣城、西宁、三亚、广安、临汾、榆林、重庆、资阳	保山、赤峰、定西	呼伦贝尔、陇南、攀枝花、张掖、安康、北京、安顺、固原、临沧、安庆、张家界、酒泉
2015	平顶山、咸宁、厦门、昆明、盐城、中山、大庆、商丘、威海、咸阳、漯河、廊坊、马鞍山	柳州、乌鲁木齐、承德、宣城、西宁、三亚、广安、临汾、资阳、曲靖、榆林、重庆	保山、赤峰	呼伦贝尔、陇南、攀枝花、张掖、安康、北京、安顺、固原、武威、临沧、安庆

结合局部自相关的空间分布表（表6-9）可知：

"高—高"聚集主要集中在京津冀、长三角、珠三角、山东半岛和中原城市群等地区，整体上来说，长三角地区、珠三角地区和山东半岛城市群的城镇化协调发展水平局部高值聚集效应逐渐加强，对周边地区的辐射效应显著；京津冀地区对其周边河北的主要城镇也存在较强的辐射效应，但2013年之后地区自相关效应相对减弱；中原城市群的城镇化协调发展水平辐射效应整体相对较弱，变化较为平稳，影响区域也主要集中在河南省省内。总体来说，城镇化协调发展水平的局部自相关变化趋势与前期城镇化发展规模和发展质量局部自相关分析的结果相吻合。

长三角作为全国城镇化协调发展水平相对较高的区域，其城镇化协调发展水平也呈现出较强的区域聚集现象，且在分布空间上逐渐由上海市、江苏南部地区和浙江北部地区逐渐扩大到江苏中部地区和安徽部分城镇。随着整个长三角一体化发展进程的不断推进，协调发展、科学发展的观念将进一步得到加强，其城镇化协调发展水平也会进一步提高，空间辐射效应将会更加显著。

北京和天津作为京津冀地区两大发展核心，在其本身城镇化协调发展水平不断提高的同时，也带动周边城镇发展水平的不断提高，集中体现在环首都圈周围的城镇，表现出较强的地区聚集效应；珠三角地区为我国对外开放最早的区域，城镇化进程起步早，发展速度快，城镇化发展质量也是全国最高的区域之一，因而也是城镇化协调发展水平区域聚集较为明显的区域之一，随着城镇化进程的推进，以广州和深圳为核心的珠三角地区的辐射效应逐渐扩大到广东省其他地区，聚集效应不断加强。中原城市群和山东半岛城市群作为新的区域增长中心，虽然在城镇化发展水平的辐射效应上不如长三角、珠三角和京津冀明显，但也在其省域内部形成了一定规模的辐射效应。

"低—低"聚集主要集中在西北地区、西南地区，中部地区和东北地区分布较为零散，仅个别城镇表现出低水平的辐射效应。西北地区的低值聚集主要集中在甘肃省内，西南地区的低值聚集主要集中分布在云南、广西、贵州和四川等省区内，其中以云南省省内的低水平辐射效应最为明显。与城镇化发展规模和发展质量的局部自相关分析结果相吻合，受到城镇化发展规模和发展质量的影响，甘肃和云南等地区整体上城镇化协调发展水平较低，两者的综合影响，使得几个地区的城镇化水平增长缓慢，在区域内呈现出"低—低"聚集的空间辐射效应。

另外，表现出"高—低"聚集和"低—高"聚集的样本城镇和地区反映出该类地区的城镇化协调发展水平在空间上呈现出离散效应，即不具有辐射效应。该类地区分布较为零散，因此，本书不对这部分地区进行分析。

6.2.2 城镇化协调发展空间差异分析

通过空间自相关模型部分的分析，我们知道全国各样本城镇在城镇化发展规模、发展质量和协调发展水平上存在着显著的空间相关性（聚集效应和辐射效应），但这种效应特征是否与实际情况相符合，还需要进一步分析。本书中通过引入差异系数概念，构建城镇化协调发展水平的空间差异指数（UV），用来表示城镇化协调发展水平的实际变化情况（发散或者收敛）。根据前面构建的理论模型和测度得到的指数值，可以计算得到2005—2015年全国城镇化发展的相关差异指数，具体见表6-10。

2005—2015 年全国城镇化发展的相关差异指数表　　　表 6-10

年份	发展规模空间差异指数	发展质量空间差异指数	发展水平空间差异指数
2005	0.826 5	0.779 1	0.329 7
2006	0.792 1	0.744 8	0.318 4
2007	0.813 4	0.717 3	0.320 7
2008	0.806 1	0.719 3	0.321 5
2009	0.806 5	0.705 0	0.318 6
2010	0.837 9	0.812 9	0.339 0
2011	0.816 2	0.686 8	0.320 8
2012	0.813 5	0.691 2	0.321 4
2013	0.830 9	0.646 2	0.313 9
2014	0.834 5	0.678 0	0.321 6
2015	0.831 3	0.653 2	0.314 0

根据理论模型构建部分的规定，空间差异指数 UV 值的大小反映出城镇化协调发展的实际变化特征，UV 值越小表明各样本城镇间的城镇化协调发展差异越小，整体呈现收敛的特征；反之，UV 值越大，则说明各样本城镇间的城镇化协调发展差异越大，呈现发散的特征。

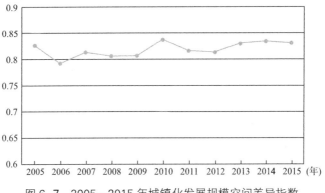

图 6-7　2005—2015 年城镇化发展规模空间差异指数

图 6-7 展示了 2005—2015 年全国各样本城镇城镇化发展规模的空间差异指数动态变化情况。总体上来说，城镇化发展规模呈现出波折式缓慢上升的趋势，这说明城镇化发展规模呈现出弱发散特征。2005—2010 年间，城镇化发展规模空间差异指数在经历 2006 年的下降之后，逐渐呈现缓慢上升趋势，结合此时间段的全局自相关 Moran's I 指数变化来看，这一时间段内的 Moran's I 指数呈现出下降趋势，聚集效应的降低使得各城镇化发展规模的发散趋势加速。2011—2012 年，UV 指数出现小幅度下降，说明城镇化发展规模的收敛特征有所加强，而这段时间内 Moran's I 指数呈现上升的趋势；2013 年 UV 指数再次出现上升，与之相对应的 Moran's I 指数呈现出下降的趋势。之后 UV 指数趋于平缓。对比不同阶段空间差异指数 UV 和全局自相关 Moran's I 指数的变化趋势，两者表现出一定的负相关关系，即随着空间自相关性的不断提高，各样本城镇的城镇化发展规模收敛速度加强；反之，空间自相关性的降低则伴随着城镇规模地区发散的加速。

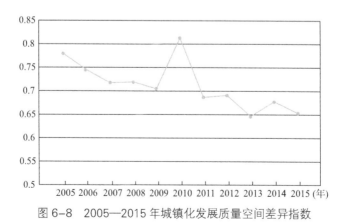

图 6-8　2005—2015 年城镇化发展质量空间差异指数

图 6-8 展示了 2005—2015 年全国各样本城镇城镇化发展质量的空间差异指数动态变化情况。总体上来说，除去 2010 年的较大

波动之外，城镇化发展质量呈现出逐渐下降的趋势，这说明城镇化发展质量呈现呈现出地区收敛的特征。其中，2005—2009 年，城镇化发展质量 UV 指数由 0.779 下降到 0.705，呈现逐步下降的趋势，对照这一时期的全局自相关 Moran's I 指数，可以发现，这一时间段的城镇化发展质量 Moran's I 指数呈现上升趋势，聚集效应加强，从而使得各城镇化发展质量的收敛趋势加速。2010 年发展质量 UV 指数出现较大波动，回升至 0.813，与此同时全局自相关 Moran's I 指数也出现了较大变化，达到最低水平值。之后 2013 年也出现较大波动，达到 UV 指数最低值 0.646，对比全局自相关 Moran's I 指数，也同样达到最高值。对比不同阶段空间差异指数 UV 和全局自相关 Moran's I 指数的变化趋势，两者表现出一定的负相关关系，即随着空间自相关性的不断提高，各样本城镇的城镇化发展质量收敛速度加强；反之，空间自相关性的降低则伴随城镇发展质量地区发散的加速。

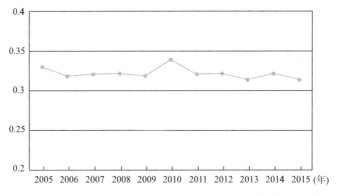

图 6-9　2005—2015 年城镇化协调发展水平空间差异指数

图 6-9 展示了 2005—2015 年全国各样本城镇城镇化协调发展水平的空间差异指数动态变化情况。

总体上来说，除去 2010 年出现波动外，城镇化协调发展水平

UV 指数维持在稳定的区间内，这说明城镇化协调发展水平的收敛趋势和发散趋势均不明显。其中，2005—2009 年城镇化协调发展水平 UV 指数呈现缓慢的下降趋势，对照这一时间段的全局自相关 Moran's I 指数可以发现，这一时期段的自相关性呈现缓慢的上升趋势，聚集效应加强反映在 UV 指数上表现出城镇化协调发展水平的收敛速度加强；2010 年全局自相关 Moran's I 指数出现下降转折，表现在城镇化协调发展水平的 UV 指数上则表现为 UV 值的上升，说明城镇化协调发展水平收敛性下降，发散效果加速。2010 之后，城镇化协调发展水平 UV 指数维持在稳定水平区间内，这一点在全局自相关 Moran's I 指数上也得到了验证。整体上来说，对比城镇化协调发展水平不同阶段空间差异指数 UV 和全局自相关 Moran's I 指数的变化趋势，两者表现出一定的负相关关系，即随着空间自相关性的不断提高，各样本城镇的城镇化协调发展水平收敛速度加强；反之，空间自相关性的降低则伴随着城镇发展水平地区发散的加速。

6.3 城镇化协调发展水平时空格局演变及其驱动力分析

通过空间相关性和差异性的结果分析，可以知道城镇化协调发展水平在不同横截面地域空间上呈现出一定的空间效应。在此基础上，通过将时间序列纳入考虑范畴，分析城镇化协调发展的时空格局演变。

6.3.1 城镇化协调发展水平时空格局演变趋势分析

通过理论模型部分构建的模型，可以计算得到 2005—2015 年标准差椭圆描述的相关参数①。其中，椭圆的长轴 YStdDist 表示数据分布的方向，短轴 XstdDist 表示的是数据分布的范围和离散程度，长短轴的值差距越大（扁率越大），表示数据的方向性越明显。反之，如果长短轴越接近，表示方向性越不明显。如果长短轴完全相等，则表示没有任何的方向特征。椭圆的中心点 Center X 和 Center Y 代表空间要素布局的重心所在。

（1）城镇化发展规模。从 2005—2015 年全国各样本城镇城镇化发展规模的标准差椭圆描述统计（表 6-11）来看，整体呈现出由东北向西南演化的演变格局。其中标准差椭圆中心由 2005 年的（115°7′22.08″E，32°59′8.628″N）转移到 2015 年的（114°51′50.4″E，32°37′46.128″N），由安徽的阜阳市转移到河南省的驻马店市境内，呈现出由东北向西南方向纵深发展的趋势，这也说明中西部地区逐步成为城镇化发展规模增长的主体；标准差椭圆的长轴和短轴变化相对较小，其中短轴由 2005 年 7.623 增加至 2015 年的 7.722，说明覆盖范围逐渐向西北和南部地区扩散，但扩散幅度很小；扁率变化逐渐变小，说明城镇化发展规模的方向性特征越来越不明显，这是因为中部地区和西部地区的城镇化发展规模差异远小于与东部地区的差异，因此在城镇化发展规模由东北向西南演变的过程中扁率逐渐变小；覆盖面积上，由 2005 年的 252.01 万 km^2 缩小至 251.31 万 km^2，变化较小。

---

① 在 ArcGIS 的方向分布（标准差椭圆）里提供了"椭圆大小"（Ellipse Size）参数，这个参数包含了三个级别，分别表示 68%、95% 和 99% 三个级别的数据。当要素具有空间正态分布时（即这些要素在中心处最为密集，而在接近外围时会逐渐变得稀疏），第一级标准差（默认值）范围可将约占总数 68% 的输入要素的质心包含在内。第二级标准差范围会将约占总数 95% 的要素包含在内，而第三级标准差范围则会覆盖约占总数 99% 要素的质心。在本书中，通过对比发现采取 68% 级别分析效果更好。

总的来说，城镇化发展规模空间布局的演化上变化较小，在空间分布上主要集中在东中部地区，涵盖了上海、江苏、浙江、北京、天津、山东、安徽、河北、山西、河南、湖北、湖南、江西、重庆等地区，这个区域内分布了国内城镇化发展规模最高的长三角地区、京津冀地区和中原城市群等地区，而且从2005—2015年这个区域的城镇化发展规模一直是指数值最高的区域，因而不难理解在空间格局的分布上标准差椭圆也一直分布在该区域上，空间格局的演化特征呈现出较为稳定的态势，变化趋势小；同时，广大的西南地区、西北地区和东北地区，城镇化发展规模水平值较低，且从2005—2015年都是城镇化发展规模低值分布区域，因而一直处于标准差椭圆覆盖范围之外。值得指出的是，珠三角地区虽然一直以来也是城镇化发展规模水平值较高的区域，但尤其其本身区位关系，珠三角周边的城镇普遍城镇化发展规模较低，从2005—2015年的城镇化发展规模分布情况来看，珠三角周边城镇的城镇化规模一直为低值聚集区域，因而珠三角地区没有被标准差椭圆覆盖在内。

2005—2015年城镇化发展规模标准差椭圆描述参数统计　　表6-11

年份	重心		长短轴		扁率
	Center X（E）	Center Y（N）	XStdDist	YStdDist	
2005	115.12	32.99	7.62	10.52	2.90
2006	115.07	32.95	7.56	10.38	2.81
2007	115.06	32.92	7.61	10.47	2.86
2008	115.00	32.88	7.64	10.44	2.80
2009	114.99	32.90	7.67	10.43	2.75
2010	114.99	32.92	7.72	10.42	2.71

第6章 中国城镇化协调发展水平空间效应及其驱动力分析

续表

年份	重心		长短轴		扁率
	Center X（E）	Center Y（N）	XStdDist	YStdDist	
2011	114.88	32.91	7.81	10.40	2.59
2012	114.93	32.91	7.70	10.37	2.66
2013	114.90	32.83	7.74	10.41	2.67
2014	114.90	32.69	7.72	10.39	2.67
2015	114.86	32.63	7.72	10.36	2.64

（2）城镇化发展质量。从2005—2015年全国各样本城镇发展质量的标准差椭圆描述统计（表6-12）来看，整体呈现出由东北向西南演化的演变格局，说明随着我国城镇化的发展，在实现东部地区城镇化质量水平提升的同时，广大中西部地区城镇化发展质量也得到了较大发展，且逐渐成为城镇化发展质量提升的主体。其中标准差椭圆中心由2005年的（114°55′15.96″E，32°47′47.076″N）转移到2015年的（114°32′11.4″E，32°40′43.068″N），椭圆中心整体呈现出由东北向西南方向纵深发展的趋势，在分布区域上主要集中在河南省驻马店境内；标准差椭圆的长轴和短轴变化相对较小，其中短轴由2005年的8.05缩短至2015年的7.91，长轴由2005年的10.92缩短至2015年的10.76，说明在全国尺度上，城镇化发展质量的空间分布范围和离散程度均在缩小；扁率变化经历了先增大后减小的变化过程，说明在城镇化发展质量水平空间演化的过程中方向性特征依旧存在，东部地区依旧是城镇化发展质量的高水平区域，其对中西部地区的空间效应影响在一定时期段内将持续存在；在覆盖面积上由2005年的276.13万km^2缩小至2015年的267.35万km^2。

2005—2015年城镇化发展质量标准差椭圆描述参数统计　　表6-12

年份	重心		长短轴		扁率
	Center X（E）	Center Y（N）	XStdDist	YStdDist	
2005	114.92	32.80	8.05	10.92	2.87
2006	114.87	32.79	8.02	10.92	2.90
2007	114.83	32.78	8.02	10.87	2.85
2008	114.91	32.89	7.96	10.84	2.88
2009	114.87	32.80	7.86	10.81	2.95
2010	114.92	32.80	7.96	10.75	2.78
2011	114.75	32.76	7.95	10.88	2.93
2012	114.78	32.69	7.87	10.80	2.93
2013	114.69	32.65	7.91	10.75	2.84
2014	114.67	32.69	7.92	10.73	2.81
2015	114.54	32.68	7.91	10.76	2.86

由此说明，全国各样本城镇发展质量的分布中心和覆盖的范围逐渐向西南方向（主要是四川地区）扩散，但变化幅度微小，城镇化发展质量空间布局演化上变化较小，在空间分布上主要集中在东中部地区，涵盖了上海、江苏、浙江、北京、天津、山东、安徽、河北、山西、河南、湖北、湖南、江西、重庆等地区，这个区域内分布了国内城镇化发展质量最高的长三角地区、京津冀地区和中原城市群等地区，而且从2005—2015年这个区域的城镇化发展质量一直是指数值最高的区域，因而不难理解在空间格局的分布上标准差椭圆也一直分布在该区域上，空间格局的演化特征呈现出较为稳定的态势，变化趋势小；同时，广大的西南地区、西北

地区和东北地区，城镇化发展质量水平值一直处于较低水平值区间，且从 2005 年至 2015 年都是城镇化发展质量低值分布区域，因而一直处于标准差椭圆覆盖范围之外。值得指出的是，珠三角地区虽然一直以来也是城镇化发展质量值较高的区域，但由于其本身区位的关系，珠三角周边的城镇普遍城镇化发展质量值较低，从 2005 至 2015 年的城镇化发展规模分布情况来看，珠三角周边城镇的城镇化规模一直为低值聚集区域，且珠三角地区对周边的辐射效应也不明显，因而珠三角地区没有被标准差椭圆覆盖在内也不难理解。

（3）城镇化协调发展水平。从 2005 年至 2015 年全国各样本城镇协调发展水平的标准差椭圆描述统计（表 6-13）来看，整体呈现出由东北向西南演化的演变格局，与城镇化发展规模和发展质量的空间分布格局和演变趋势相吻合，这也说明广大中西部地区将成为我国城镇化协调发展水平提升的主体。其中标准差椭圆中心由 2005 年的（114°31′33.24″E，32°57′38.052″N）转移到 2015 年的（114°21′45.36″E，32°49′34.752″N），椭圆中心整体呈现出由东北向西南方向纵深发展的趋势，在分布区域上主要集中在河南省驻马店境内；标准差椭圆的长轴和短轴变化相对较小，其中短轴由 2005 年 7.833 缩短至 2015 年的 7.807，长轴由 2005 年的 11.178 缩短至 2015 年的 11.016，说明在全国尺度上，城镇化协调发展水平的空间分布的范围和离散程度均在缩小；扁率变化逐渐变小，说明城镇化协调发展水平的方向性特征越来越不明显，这是因为中部地区和西部地区的城镇化协调发展水平差异远小于与东部地区的差异，因此在城镇化协调发展水平由东北向西南演变的过程中扁率逐渐变小；在覆盖面积上由 2005 年的 275.03 万 km^2 缩小至 2015 年的 270.18 万 km^2。

2005—2015年城镇化协调发展水平标准差椭圆描述参数统计　表6-13

年份	重心		长短轴		扁率
	Center X（E）	Center Y（N）	XStdDist	YStdDist	
2005	114.53	32.96	7.83	11.18	3.34
2006	114.49	32.93	7.81	11.11	3.30
2007	114.49	32.93	7.81	11.10	3.29
2008	114.50	32.94	7.80	11.08	3.28
2009	114.48	32.93	7.79	11.07	3.28
2010	114.49	32.93	7.84	11.08	3.24
2011	114.43	32.91	7.83	11.08	3.25
2012	114.45	32.90	7.80	11.05	3.26
2013	114.42	32.88	7.81	11.05	3.24
2014	114.41	32.85	7.81	11.04	3.22
2015	114.36	32.83	7.81	11.02	3.21

由此说明，全国各样本城镇发展水平的分布中心和覆盖的范围逐渐向西南方向（主要是四川地区）扩散，但变化幅度微小，城镇化协调发展水平空间布局演化上变化较小，在空间分布上主要集中在东中部地区，涵盖了上海、江苏、浙江、北京、天津、山东、安徽、河北、山西、河南、湖北、湖南、江西、重庆等地区，这个区域内分布了国内城镇化协调发展水平协调度最高的长三角地区、京津冀地区和中原城市群等地区，而且从2005年至2015年这个区域的城镇化协调发展水平一直是指数值最高的区域，因而不难理解在空间格局的分布上标准差椭圆也一直分布在该区域上，空间格局的演化特征呈现出较为稳定的态势，变化趋势小；同时，广大的西南地区、西北地区和东北地区，城镇化发展协调度水平值一直处于较低水平值区间，且从2005—2015年都是城镇化协调发展水平低值

分布区域，因而一直处于标准差椭圆覆盖范围之外。另外，珠三角地区虽然一直以来也是城镇化协调发展水平值较高的区域，但尤其其周边的城镇普遍城镇化协调发展水平值较低，从 2005—2015 年的城镇化协调发展水平一直为低值聚集区域，且珠三角地区的发展水平对周边的辐射效应也不明显，因而珠三角地区没有被标准差椭圆覆盖在内也不难理解。

6.3.2 城镇化协调发展水平时空格局演变驱动力分析

6.3.2.1 城镇化协调发展演变动力机制探讨

城镇化是区域经济与社会发展共同作用的结果，城镇化协调发展水平的高低受到城镇化发展规模和发展质量协调度发展程度高低的影响，如本书在概念界定部分所说，城镇化发展规模和发展质量的协调度越高，其城镇化协调发展水平值也相应越高，反之亦然。不同发展基础和发展现状的城镇在空间上会呈现不同的城镇化协调发展水平空间格局分布状态（正如本书在空间效应部分研究得到的，会呈现不同的高低聚集分布状态），而在城镇化发展推进的过程中受到不同的区域发展的基础条件、产业状况和体制背景等多方面的影响，城镇化协调发展水平的空间格局会呈现不同的发展态势，这其中其主要影响作用的因子即城镇化协调发展水平空间格局演变的驱动因子。对中国城镇化协调发展水平的驱动力分析是理解其作用机理和影响因素的前提和基础，也是推进我国新型城镇化健康发展的重要参考和依据（王洋，方创琳等，2012）。

本书参考相关学者的视角（宁越敏，1998；Rajiv，2009；范建双，2015；陈明星，2009；欧向军，2008），将驱动因子归纳为行政力、市场力、外向力、内源力和投资力 5 个方面（如图 6-10）。

各种驱动因子可以通过产业的调整重组、资金和资源的配置等方式对城镇化协调发展水平的分布格局和演变加以影响。

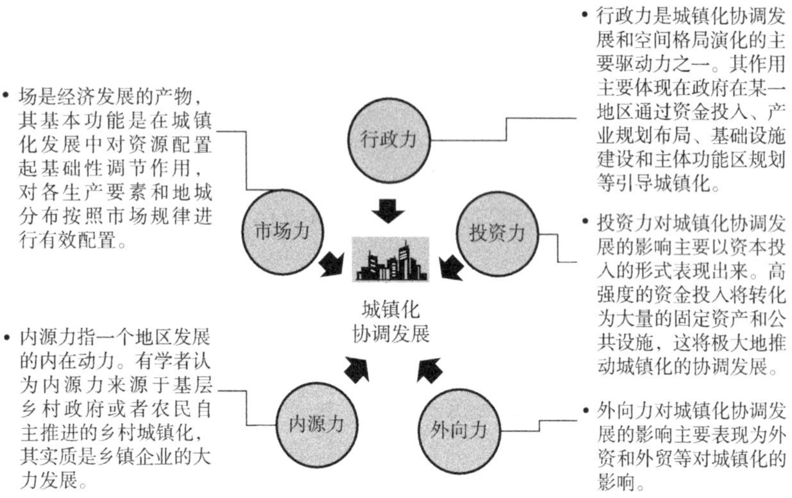
• 场是经济发展的产物，其基本功能是在城镇化发展中对资源配置起基础性调节作用，对各生产要素和地城分布按照市场规律进行有效配置。
• 行政力是城镇化协调发展和空间格局演化的主要驱动力之一。其作用主要体现在政府在某一地区通过资金投入、产业规划布局、基础设施建设和主体功能区规划等引导城镇化。
行政力
市场力
投资力
城镇化
协调发展
• 投资力对城镇化协调发展的影响主要以资本投入的形式表现出来。高强度的资金投入将转化为大量的固定资产和公共设施，这将极大地推动城镇化的协调发展。
• 内源力指一个地区发展的内在动力。有学者认为内源力来源于基层乡村政府或者农民自主推进的乡村城镇化，其实质是乡镇企业的大力发展。
内源力
外向力
• 外向力对城镇化协调发展的影响主要表现为外资和外贸等对城镇化的影响。

图 6-10　城镇化协调发展水平驱动机制示意图

（1）行政力

行政力是城镇化协调水平发展和时空格局演化的主要驱动力之一，其作用主要体现在：首先，政府在某一地区通过资金投入、产业规划布局、基础设施建设和主体功能区规划等引导城镇化发展。政府的资金投入很大程度上体现在政府的财政支出上，2005—2015 年，全国的财政支出总额从 189 041 185 万元增加到了 1 209 843 502 万元，增幅达到 540%。财政支出很大一部分被用于基本建设，高强度的基建投入和诸多如高铁、地铁等重大基础设施的建设，极大地增强了城市与外界的通达性和联系紧密性，改善了投资环境，带动了城市经济和城镇化的发展。其次，政府通过行政力尤其是行政区划的调整将农村区域转变为城市区域，直接推动城镇化，或者通过户籍制度将农村人口转变为城镇人口间接影响城镇化。2005—2015年，全国各地方政府通过行政区划的调整，全国城市总数由2005年的661个（其中直辖市4个、副省级城市15个、地级市268个、县级市374个）调整为2015年的656个（其中直辖市4个、副省级城市15个、地级市276个、县级市361个），通过行政区划的调整，使得城镇人口规模迅速提高，中国城镇人口规模由2005年的36243.84万人增加到了2015年的44396.68万人，极大地提高了城镇化规模。当城镇人口规模和人口密度达到一定程度以后，人口过于密集会造成城镇居住空间紧张、公共服务负担过重和城市运营成本高昂，从而降低城镇化发展的质量。随着人口聚集规模的不断扩大，迫使城镇向外围蔓延，形成新的居住区和城市综合体，并引发新一轮城镇基础设施投资。总的来看，行政力对城镇化协调发展的影响有正有负，需要根据各地区的实际情况和所处的发展阶段来进行具体分析和判断。

（2）市场力

市场是经济发展的产物，其基本功能是在城镇化发展中对资源配置起基础性调节作用，对各生产要素和地域分布按照市场规律进行有效配置。市场力对城镇化发展的推动作用，主要体现在生产要素上，由于比较优势而向城镇和非农产业聚集和转移，从而推动城镇化进程。劳动力资源作为市场中主要资源之一，其受市场的调控和配置作用最为明显，这主要体现在就业人员的类别结构比例的调整和就业主体的多元化。2005—2015年全国就业总人口由75825万人增加到77451万人，其中城镇就业人口占比由36.01%增加到52.17%。在城镇化发展的进程中，通过不断完善市场机制，使得各类资源的自由转移和流动成为可能，从而实现全国城镇化的快速发展。

（3）外向力

外向力对城镇化协调发展的影响主要表现为外资和外贸等对城

镇化的影响。通过引进外资及其先进技术，改善资本形成条件，带动区域技术、贸易、产业结构和就业结构的变化，提高技术和管理水平，从而提高城镇化发展质量和规模，促进城镇化的协调发展。而经济全球化过程中的产业和技术转移又为中国经济发展提供了好的契机，进一步推动了城镇化进程。2005—2015年，中国实际外商投资额从1 889.10亿美元增加到2 679.43亿美元。对外贸易的发展在积极提升中国国际化水平和经济增长的同时，也极大地促进了当地的就业，吸收了大量的农村剩余劳动力，而外资企业的产业布局也带动了当地的非农化，因此外资和外贸是提高城镇化发展的外部动力。

（4）内源力

内源力指一个地区协调发展的内在动力。有学者认为内源力来源于基层乡村政府或者农民自主推进的乡村城镇化，其实质是乡镇企业的大力发展。笔者认为，乡镇企业只是地区发展的动力之一，还包括城市企业的郊区化迁移、产业园区的郊区化布点等因素。尽管乡镇企业是推动乡村城镇化的重要动力，但是最终决定城镇化发展的内在动力则取决于产业结构的合理性，也就是说合理的产业结构能有效地推动城镇化的协调发展。随着产业转移和转型升级的不断推进，城市中心主要保留金融服务业等第三产业，第二产业则向外围乡镇和郊区迁移并一定程度上推动了农地的非农化，农地的非农化促使第一产业向集约高效的规模化和产业化经营转型。因此，可以说产业结构决定了地区经济增长方式和分工模式，产业结构合理与否是城镇化协调发展的内在动力。

（5）投资力

投资力对城镇化协调发展的影响主要以资本投入的形式表现出来。高强度的资金投入将转化为大量的固定资产和公共设施，这将对城镇化发展的规模和发展质量产生一定的促进和提升作用，从而有助于推动城镇化的协调发展。2005—2015年，全国全社会固定资产投资总额从87 171.67亿元增长到519 900.76亿元，增长了近6倍。同时随着中国城镇建设的投资主体由传统的国有投资为主向多元化的投资主体的转变，城镇化建设和发展需资金来源不断拓宽，资金总量不断增加，这使得资本投入在城镇化进程中的作用不断加强，进而不断推动着城镇化的协调发展。

6.3.2.2 理论模型与变量选取

将城镇化发展的过程看作是一个生产过程，即通过投入一定的要素，组合得到的一个产出水平的过程。由美国学者Paul H. Douglas提出的Cobb–Douglas生产函数是经济学中分析和描述生产关系时最常使用的数学模型，该模型认为在一定时期内，在技术水平不变的情况下，生产中所使用的各种生产要素的数量与所能生产的最大产量之间的关系，换句话说，就是一定技术条件下投入与产出之间的关系。在处理实际的经济问题时，生产函数不仅是表示投入与产出之间关系的对应，更是一种生产技术的制约。基于此理论及上述对城镇化发展驱动机制的分析，构建城镇化协调发展水平空间格局演化的驱动因子分析模型，具体模型设定如下：

$$Y = S \times A^{\beta_1} \times M^{\beta_2} \times O^{\beta_3} \times E^{\beta_4} \times I^{\beta_5} \quad \text{（公式6-1）}$$

其中，Y是被解释变量，表示各样本城镇的城镇化协调发展水平；S表示整体的技术水平，根据理论定义和前文中城镇化创新发展质量部分的计算结果可知，整体技术水平在一定时期内是相对不变的，因此S在式中作为常数项存在；A表示各样本城镇的政府行政力水平；M表示各样本城镇的市场力水平；O表示个样本城镇的外向力水平；E表示各样本城镇的内源力水平；I表示各样本城镇的投资力水平；β_1 至 β_5 分别表示各因素的待估参数。

在公式 6-1 的基础上通过加入空间自变量，可以进一步构建城镇化协调发展水平的空间计量模型。

$$\ln Y_{it} = \alpha + \beta_1 \ln A_{it} + \beta_2 \ln M_{it} + \beta_3 \ln O_{it} + \beta_4 \ln E_{it} + \beta_5 \ln I_{it} + \varepsilon_{it}$$

（公式 6-2）

$$\varepsilon \sim N(0, \sigma^2 I)$$ （公式 6-3）

其中，α 表示常数项；ε_{ij} 表示独立且同分布的随机误差项，对于 i 和 t 均满足零均值同方差 σ^2。其他参数解释同上。在具体的参数指标表征上，遵循代表性、可获取性和可操作性的原则，本书中选取人均财政支出（单位：元）表征政府行政力水平，选取城镇私营和个体就业人数占全部就业人数比重（%）表征市场力水平，选取外商投资总额（单位：万美元）表征外向力水平，选取二三产业产值占国内生产总值的比重（%）表征内源力水平，选取人均社会固定资产投资（单位：元）表征投资力水平。

6.3.2.3 城镇化协调发展水平演变驱动力实证分析

上述是对城镇化协调发展水平格局演变主要动力因子的理论解析，但更停留在定性描述的层面，无法反映出具体各个参数或变量对城镇化协调发展水平格局演变的影响大小，因此需要借助空间计量回归模型作进一步的定量分析。

前面部分通过对城镇化协调发展水平的空间相关性检验证明了中国各城市的新型城镇化水平在空间上有明显的相关性，有较显著的地区聚集现象和辐射的现象（表 6-14）。因此，可以利用空间计量模型对其影响因素进行估计。在进行空间面板数据计量分析时，首先要对控制个体差异的变截距面板模型进行形式识别，通过 Hausman 检验可知，其统计量和 p 值分为 265.01 和 0.000，这表明在 1% 的显著性水平上拒绝"随机效应与固定效应无差别"的原假设，接受"固定效应模型有效"的备选假设。因此在本书中选择面板固定效应模型。另外。根据 LM 检验的结果可知，LMlag 和 LMerr 两者均通过了 1% 显著性水平的显著性检验，LMerr 略优于 LMlag。这说明，城镇化协调发展水平的影响因素不仅仅包含各驱动因子变量，还包含了一些误差项和滞后项的影响，因此需要借助空间计量回归的相关模型进行分析。

LM 检验与 Hausman 检验及相应概率值　　表 6-14

检验	统计量	p 值
LMlag	12.860 1	0.000
R-LMlag	1.226 4	0.000
LMeer	56.588 4	0.000
R-LMeer	44.954 8	0.000
Hausman	265.01	0.000

在空间面板回归计量模型的基础上，利用 Matlab 2016b 对 286 个城市 2005—2015 年的新型城镇化协调发展水平的驱动因子进行空间计量回归分析（表 6-15）。从 OLS 的回归结果可以看出，各个指标均通过了 1% 显著性水平的显著性检验。从具体的变量的相关系数来看，产业结构对城镇化协调发展水平的影响程度最大，外部投资和市场水平的影响程度次之，值得提出的是政府行政力水平与城镇化协调发展水平在通过显著性水平的基础上表现出高值的负相关。由于在前面已通过空间自相关分析证明，城镇化协调发展水平在空间上呈现出明显的空间聚集效应，因此 OLS 模型在忽略空间因素条件下得到的回归分析结果可能存在一定的偏差。因此，本书在 OLS 分析的基础上，借助空间计量的空间滞后模型（SLM）、

空间误差模型（SEM）和空间杜宾模型（SDM）进行分析。

城镇化协调发展水平驱动力空间回归模型结果　　　表 6-15

变量参数	OLS	SLM	SEM	SDM
$\ln A$	-0.087 8*** (-12.191 8)	-0.015 1*** (-6.234 9)	-0.004 0* (-1.381 9)	-0.017 7*** (-4.827 4)
$\ln M$	0.036 8*** (4.067 4)	0.007 0** (2.294 1)	0.008 4*** (2.740 0)	0.006 3** (2.069 6)
$\ln O$	0.082 0*** (49.653 1)	0.002 5*** (2.666 7)	0.002 6*** (2.732 7)	0.002 2** (2.290 8)
$\ln E$	0.970 0*** (32.413 3)	0.159 9*** (12.624 9)	0.175 5*** (12.102 4)	0.178 3*** (12.101 1)
$\ln I$	0.017 8*** (2.656 0)	0.027 7*** (13.165 1)	0.024 0*** (10.157 4)	0.013 9*** (5.694 1)
$W \times \ln A$	—	—	—	-0.029 4*** (-5.869 3)
$W \times \ln M$	—	—	—	-0.000 2 (-0.025 6)
$W \times \ln O$	—	—	—	0.004 9** (2.504 3)
$W \times \ln E$	—	—	—	0.030 1* (1.375 3)
$W \times \ln I$	—	—	—	0.045 4*** (11.353 8)
$W \times \ln Y$	—	0.413 0*** (13.111 8)	—	0.282 0*** (7.921 0)
R-Squared	0.667 9	0.983 7	0.980 6	0.984 3
sigma^2	0.027 6	0.001 4	0.001 4	0.001 3
Log-Likehood	1 183.50	5 874.204 9	5 815.638 4	5 956.627 1

注：括号内数值表示相应变量的 t 值统计量；"***"、"**"和"*"分别表示变量在1%、5%和10%的显著水平下显著。

从表 6-15 结果可以看出，SLM、SEM 和 SDM 三个模型均通过了相应的显著性水平的显著性检验。从 Log-Likehood 对数似然值来看，SDM 模型的值最大，为较优的模型。R-Squared 的值分别为 0.983 7、0.980 6 和 0.984 3，均接近于 1，表明模型的拟合度较高。由此可知，构建的三个空间计量模型基本满足了对变量估计的基本要求，可以用来分析城镇化协调发展水平主要驱动因子。

从 SLM、SEM 和 SDM 三个模型的结果来看，各主要参数均通过了相应的显著性水平的显著性检验。从各参数的相关系数来看，除行政力相关系数为负值外，其余参数的相关系数均为正值。这说明，在城镇化协调发展的过程中，政府行政力对城镇化协调发展产生了负影响，而市场力水平、外向力水平、内源力水平和投资力水平均对城镇化协调发展产生了正影响。其中，内源力是首要影响因子，其次是行政力水平和投资力水平。具体来说：

从行政力（A）的相关系数和结果来看，3 个模型的评估系数分别为 -0.015 1、-0.004 0 和 -0.017 7，且均通过了显著性水平检验，这说明政府通过财政支出的行政力对城镇化协调发展水平产生了负影响，但相关性水平较低。究其原因，和当前城镇化发展过程中政府角色定位不当是分不开的。虽然政府通过行政手段一方面推动了城镇规模的扩大，一方面改善了基础设施和公共服务水平，这在一定程度上能够极大促进城镇化进程的协调发展。但现阶段城镇化过程中"摊大饼式"的发展模式导致很多地区在发展过程中重规模轻质量，这在一定程度上降低了城镇化发展的质量和资源的利用效率，并且导致了各类城市问题的产生，这些负效应的出现和扩大，在一定程度上抵消了政府行政力带来的正效应,从而导致了行政力与城镇化协调发展水平间的低负相关出现。另外,从 SDM 模型的 $W \times \ln A$ 系数结果来看,其相关系数为 $-0.029\ 4$,且通过了 5% 显著性水平检测。这说明,一城镇或地区的行政力会对其邻近区域的城镇化协调发展产生负影响,这主要是由于本地区行政力的投入,会对周边地区产生一定的影响,尤其是大城市和特大城市对其周边城市的影响更强,这种影响主要体现在对周边地区资源和要素的吸引和聚集,也就是行政力产生的聚集效应大于扩散效应,这一点从空间相关性检验的结果也可以得到佐证。

从市场力水平（M）的相关系数和结果来看,3 个模型的评估结果分别为 $0.007\ 0$、$0.008\ 4$ 和 $0.006\ 3$,相关系数都在 0.006 以上,且均通过了显著性检验。这说明市场力在城镇化协调发展的过程中起到了正面的促进作用。即市场力每提高一个单位,会促进城镇化协调发展水平提升 0.006 个单位。这也与理论分析部分相吻合,劳动力资源作为市场中主要资源之一,在城镇化发展的进程中,就业结果的不断完善,使得各类资源的自由转移和流动成为可能,从而实现全国城镇化的协调发展。从 $W \times \ln M$ 系数结果来看,其结果没有通过相关性检验,说明本地区的产业结构的优化更多对本地区的城镇化协调发展水平产生影响,对周边地区的影响不明显。

从外向力水平（O）的相关系数结果来看,3 个模型的评估结果分别为 $0.002\ 5$、$0.002\ 6$ 和 $0.002\ 2$,且均通过了显著性水平检验。这说明以外商直接投资为代表的外向力对城镇化协调发展水平的提升起到了正向的提升作用,这与理论解析部分的分析也是相吻合的。通过外向力的引入,可以有效改善资本形成条件,带动区域技术、贸易、产业结构和就业结构的变化,提高技术和管理水平，从而提高城镇化发展质量和规模，促进城镇化协调发展。另外从 $W \times \ln O$ 系数结果来看，其系数值为 0.004 9 且通过了显著性检验，这说明一城镇或地区的外向力水平的提升同样会对周边邻接地区的城镇化协调发展产生正向的促进作用。这也说明，在城镇化发展的过程中，保持市场开放会对全国城镇化的建设发展产生积极的作用。

从内源力水平（E）的相关系数结果来看，3 个模型的评估结果分别为 0.159 9、0.175 5 和 0.178 3，平均相关系数都在 0.15 以上，且均通过了 1% 的显著性水平检验，这说明内源力水平对城镇化协调发展水平的提升起到了较强的正向提升作用，即内源力水平每提高一个单位，就会促进城镇化协调发展水平正向提升 0.15 个单位。这也验证了理论分析部分所指出的，以产业结构为代表的内源力是一个城镇或地区协调发展的内在动力，合理的产业结构能有效推动城镇化协调发展。但从 SDM 模型的 $W \times \ln E$ 系数结果来看，其相关系数未通过显著性检验，说明一城镇或地区的内源力水平主要是对本地区城镇化协调发展起到正向促进作用，而对其周边城镇或地区无显著的溢出作用。

从投资力水平（I）的相关系数结果来看，3 个模型的评估系数分别为 0.027 7、0.024 0 和 0.013 9，且均通过了显著性检验，这说明以人均社会固定资产投资为代表的投资力对城镇化协调发展起正向的促进作用。城镇化的建设和发展都要以基础设施为基础和前提，新型城镇化强调"以人为本"的城镇化发展方式，切实提高城镇居民的生活质量，这也必须要依靠良好的基础设施，从这点上来说，投资力水平的提升会对城镇化协调发展起到良好的提升作用，这与理论分析部分所指出的也是相吻合的。同时，从 $W \times \ln I$ 系数结果来看，其相关系数值为 0.045 4，且通过了显著性检验，这说明一个城镇或地区良好的基础设施同样可以为周边地区城镇化协调发展带来正面的促进作用,即投资力水平存在一定的溢出效应。

另外,从 SLM 和 SDM 的 $W \times \ln Y$ 系数结果来看,两者评估值分别为 0.431 0 和 0.282 0,且均通过了 1% 的显著性检验,这说明城镇化协调发展水平存在显著的空间滞后效应,即某一城镇或地区的城镇化协调发展水平对邻接地区的城镇化协调发展水平呈现正向的溢出效应。

第 7 章
主要结论、启示及展望

7.1 主要结论

城镇化是我国实现现代化的必由之路，是乡村振兴和区域协调发展的有力支撑，更是我国社会主义现代化建设和促进社会全面进步的必然要求。因此，保证城镇化健康协调的发展具有重要的意义。本书通过理论模型的构建和实证分析的基础上，对全国286个样本城镇2005—2015年的城镇化发展规模、发展质量和城镇化协调发展水平作了测度和分析，并基于评价值对全国城镇化发展的空间效应作了进一步分析，在此基础上对影响全国城镇化协调发展的动力机制和主要驱动因子作了分析。通过本书研究，得到以下主要结论：

（1）全国样本城镇的城镇化发展规模整体较为稳定，变化幅度较小，但地域间差异大，由东向西依次递减。

2005—2015年各样本城镇的城镇发展规模维持在稳定水平值，除个别城市变化较大外，整体上下浮动较小。从整体变化趋势上来看，2005—2015年近11年间，各样本城镇的城镇化规模水平维持在相对稳定的水平区间，且在整体上呈现出低水平的下降趋势。从城镇化发展规模的水平值分布区间来看，特大城市和大城市具有较高的城镇化规模水平，广大中小城市的城镇化规模水平较低，也符合现阶段我国城镇化发展的实际情况。从城镇化发展规模的地域空间分布来看，城镇化发展规模在地域空间上也呈现出明显的地域特征,按照城镇化规模水平值的高低从西往东依次递增,具体表现为东部地区城镇化发展规模水平普遍最高,中部地区和东北地区次之,西部地区发展规模水平最低。

(2)全国各样本城镇的城镇化发展质量水平均在不断提升,但个别年份受到具体政策因素和宏观环境影响存在波动,不同区域间质量水平差异大,由东向西依次递减。

2005—2015年近11年间,各样本城镇的城镇化质量水平维持在相对稳定的水平区间,但个别年份受到具体政策因素和宏观环境影响存在波动。同时,从单个城市的变化趋势来看,特大城市和大城市由于城市规模和社会经济水平较高,更易受到外部因素和宏观政策的影响,因而城镇化发展质量的波动幅度普遍大于中小城市;从城镇化质量水平值上来看,直辖市、省会城市、计划单列市具有较高的城镇化质量水平,其城镇化质量水平在2005—2015年内均处于领先水平,中小城市的城镇化质量水平相对较低,这也与我国当前的城镇化发展的实际情况相符;从城镇化水平值的分布上来看,按照城镇化发展质量指数值大小排序,整体呈现"金字塔"式分布态势,即城镇化发展质量星级越高的样本城镇个数越少,反之亦然;从2005—2015年城镇化质量水平的地域分布来看,城镇化发展质量在地域空间上也呈现出明显的地域特征,按照样本城镇城镇化质量水平的高低从西往东依次递增,具体表现为东部地区城镇化发展质量水平普遍最高,中部地区次之,西部地区城镇化发展质量水平最低。

(3)全国各样本城镇的城镇化协调发展水平维持在稳定区间内,整体上下浮动较小,并且整体协调水平在逐步提升,但区域间协调水平差异ीला较大,由东向西依次递减。

从整体变化趋势上来看,2005—2015年各样本城镇的城镇化发展水平协调度维持在相对稳定的水平区间,且在整体上呈现出低水平的上升趋势。从城镇化协调发展水平区间分布可以看出,在具体的水平值大小上相对比较集中年均协调度在 2—4 之间,这也说明全国大多数城市的城镇化协调度整体水平偏低。从 2005—2015年城镇化发展水平协调度的地域分布来看,城镇化发展水平协调度在地域空间上也呈现出明显的地域特征,样本城镇城镇化发展水平协调度值的高低从西往东依次递增,具体表现为东部地区城镇化水平协调度相对较高,中部地区和西部地区水平相对较低。

(4)从城镇化协调发展水平的动态分布来看,城镇化进程中"重规模轻质量"的发展方式有所改变,各样本城镇的城镇化发展质量改善明显,城镇化发展的协调度在不断提高。

在城镇化协调发展水平测度的基础上,本书进一步从城镇化发展状态指数、城镇化发展偏离度和城镇化发展向好速率三个方面去分析各样本城镇协调水平的动态分布状态。

①从全国各样本城镇城镇化发展状态指数结果可知,2005年至 2015 年期间,除 2012 年和 2014 年整体呈现出"Q 状态"(发展质量领先状态)外,其他年份均整体呈现出"S 状态"(发展规模领先状态)。这说明,从全国大的尺度来看,呈现出城镇化发展规模领先倾向的样本城镇还是占较大比重,这与长期以来我国在城镇化进程中"重规模轻质量"的发展方式密不可分。从单个年份的发展状态来看,处于城镇化发展规模领先状态的样本城镇数在逐渐减少,所占比重也由 2005 年的 66.08% 下降到 2015 年的 38.11%;处于城镇化发展质量领先状态的样本城镇数量在逐渐增加,所占比重也由 2005 年的 18.88% 增加到 2015 年的 26.22%;处于城镇化发展协调状态的样本城镇个数也在逐渐增加,所占比重由 2005 年的 15.03% 增加到 2015 年的 35.66%。处于城镇化发展协调状态的

样本城镇数量逐渐增加,所占比重也由2005年的15.03%增加到2015年的35.66%,这反映出部分城镇管理者意识到了城镇化进程中协调发展的重要性,在保持城镇化发展规模的基础上,也越来越重视城镇化发展质量。

②从全国各样本城镇城镇化发展偏离度指数来看,从2005—2015年,城镇化发展总体偏离度在逐渐变小,由2005年的9 906.46下降到2015年的6 806.96,这说明整体上全国各地级市的城镇化发展是在朝着协调发展的方向发展。"S状态"的整体偏离度基本与总体偏离程度保持一致的变化趋势,其整体偏离度数值逐年变小,由2005年的9 074.90下降到2015年的5 577.81,这说明处于"S状态"领先的样本城镇个数和城镇化发展偏离度都在减少;而从"Q状态"的整体偏离度来看数值逐渐增加,由2005年的831.56增加到2015年的1 229.15,这也说明处于发展质量领先状态的样本城镇个数在逐渐增加。

③从全国各样本城镇城镇化发展向好速率指数来看,两个状态下的发展向好速率表现出一定的负向相关性,即当"Q状态"的向好速率为负值时,"S状态"的向好速率为正值;同样,即当"S状态"的向好速率一般为负值时,"Q状态"的向好速率则为正值。具体来看,"Q状态"下的城镇化发展规模向好速率,整体经历了较大的波动。其中2006年、2008年、2010年、2013年和2015年的向好速率值小于0,说明这几年的城镇化发展规模改善,发展规模的短板效应减小;2007年、2009年、2011年和2014年这四年发展规模的向好速率值均大于0,说明发展规模的短板效应在扩大,城镇化发展质量在逐步改善;"S状态"下的城镇化质量向好速率,虽然也经历了整体的上下浮动,但波动的浮动小于"Q整体"。其中,2008年、2010年、2013年和2015年这四年的发展速率值大

于0，说明这四年的城镇化发展质量没有得到改善，短板效应在扩大，而同时城镇化发展规模的发展领先于城镇化发展质量；其余的2006年、2007年、2009年、2011年、2012年和2014年这六年城镇化发展质量的向好速率值均小于1，说明城镇化发展质量得到了有效的改善和提升，其短板效应逐渐减小。同时从向好速率正负值年份个数也可以看出，城镇化发展质量向好速率为负值的年份明显多于正值的年份，这也说明研究区内城镇化发展质量的改善明显，其城镇化发展的协调度在不断提高。

（5）全国各样本城镇协调发展水平在空间上呈现出显著的空间相关性，具有明显的空间聚集和地区辐射效应。

从空间全局自相关的分析来看，城镇化发展规模、发展质量和协调发展水平在空间上均呈现出显著的空间自相关性特征。

①城镇化发展规模：从数值上来看，城镇化发展规模2005—2015年的全局空间相关性整体较高，均在0.23以上，说明全国样本城镇呈现出较明显的正相关关系，也就是说在一定的区域内存在着空间聚集效应。在出现空间相关性的样本城镇中，处于"高—高"聚集和"低—低"聚集的样本城镇占了较大比重，其中"高—高"聚集比重最高，平均占比高到52.29%；"高—低"聚集和"低—高"聚集的样本城镇所占比重相对较小。这说明在城镇化发展规模上，全国各样本城镇呈现出较强的空间聚集效应，也就是说在相邻的地域空间上存在着较强的发展规模聚集。在具体的分布空间上，2005—2015年各样本城镇的发展规模全局自相关的空间分布较为固定。从"高—高"聚集的空间分布上来看，主要集中在长三角城市群、珠三角城市群、京津冀城市群、山东半岛城市群、辽中南城市群和海峡西岸城市群等区域；而从"低—低"聚集的空间分布上来看，主要集中在中部地区、西北地区、西南地区和东北地区区域。

②城镇化发展质量：从数值上来看，城镇化发展规模2005—2015年的全局空间相关性整体较高，均在0.275以上，说明全国样本城镇在城镇化发展质量上呈现出较明显的正相关关系，也就是说在一定的区域内存在着空间聚集效应。在呈现出空间相关性的样本城镇中，处于"高—高"聚集的样本城镇个数占了绝大多数，平均占比高到58.74%，处于"低—低"聚集的样本城镇最少，处于"高—低"聚集和"低—高"聚集的样本城镇个数占比处于中等水平。另外，从城镇化发展质量全局自相关空间分布图来看，2005—2015年各样本城镇的发展质量全局自相关的空间分布区域较为固定，与城镇化发展规模的空间自相关表现出相同的空间分布特征。从"高—高"聚集的空间分布上来看，主要集中在长三角城市群、珠三角城市群、京津冀城市群、山东半岛城市群、辽中南城市群和海峡西岸城市群等区域；从"低—低"聚集的空间分布上来看，主要集中在中部地区、西北地区、西南地区和东北地区区域。

③城镇化协调发展水平：从数值上来看，城镇化发展规模2005年至2015年的全局空间相关性整体较高，均在0.415以上，且城镇化协调发展水平的空间全局自相关明显高于城镇化发展规模和发展质量。说明全国样本城镇在城镇化协调发展水平上呈现出较明显的正相关关系，也就是说在一定的区域内存在着空间聚集效应。在呈现出空间相关性的样本城镇中，处于"高—高"聚集的样本城镇个数占了绝大多数，平均占比高到74.44%，处于"低—低"和"低—高"聚集的样本城镇相对较少，处于"高—低"聚集的样本城镇个数占比处于中等水平。另外，从城镇化协调发展水平全局自相关空间分布图来看，2005—2015年各样本城镇的发展综合水平全局自相关的空间分布区域较为固定，城镇化协调发展水平在空间上呈现出高低分化愈加明显的"马太效应"，与城镇化发展规模和发展质

量的空间自相关表现出相同的空间分布特征。从"高—高"聚集的空间分布上来看，主要集中在长三角城市群、珠三角城市群、京津冀城市群、山东半岛城市群、辽中南城市群和海峡西岸城市群等区域；从"低—低"聚集的空间分布上来看，主要集中在中部地区、西北地区、西南地区和东北地区区域。

从空间局部自相关的分析结果来看，城镇化发展规模、城镇化发展质量和城镇化协调发展水平在空间上呈现出一定的空间辐射效应。具体来说：

①从城镇化发展规模的局部自相关计算结果来看，"高—高"聚集整体上主要集中在京津冀、长三角和珠三角地区，并且随着城镇化进程的推进逐渐扩大到中原城市群地区（2006 年开始）和山东半岛城市群地区（2008 年开始），"低—低"聚集主要集中在西北地区、西南地区、中部地区和东北地区，其中西北地区的低值聚集效应最为明显，中部地区的低值聚集效应随着时间推移逐渐改善，西南地区和东北地区的低值聚集效应相对较为稳定；

②从城镇化发展质量的局部自相关计算结果来看，整体上"高—高"聚集主要集中在京津冀、长三角、珠三角和山东半岛城市群等地区，受到社会经济发展宏观形势的影响，城镇化发展质量在区域层面也表现出相同的变化趋势，这与前面城镇化发展质量测度指数的变化趋势也是吻合的；"低—低"聚集主要集中在西北地区、西南地区、中部地区和东北地区，其中西北地区和西南地区的低值聚集效应最为明显，且分布地域上相对较为稳定；

③从城镇化协调发展水平的局部自相关计算结果来看，"高—高"聚集主要集中在京津冀、长三角、珠三角、山东半岛和中原城市群等地区，整体上来说，长三角地区、珠三角地区和山东半岛城市群的城镇化协调发展水平局部高值聚集效应逐渐加强，对周边地

区的辐射效应显著；京津冀地区对其周边河北的主要城镇也存在较强的辐射效应，但2013年之后地区自相关效应相对减弱；中原城市群的城镇化协调发展水平辐射效应整体相对较弱，变化较为平稳，影响区域也主要为集中在河南省省内。总体来说，城镇化协调发展水平的局部自相关变化趋势与前期城镇化发展规模和发展质量局部自相关分析的结果相吻合。"低—低"聚集主要集中在西北地区、西南地区，中部地区和东北地区分布较为零散，仅个别城镇表现出低水平的辐射效应。

（6）城镇化协调发展水平差异变化较小，收敛趋势和发散趋势均不明显。

从具体的城镇化空间差异指数计算结果来看：

①2005—2015年全国各样本城镇城镇化发展规模的空间差异指数，总体上呈现出波折式缓慢上升的趋势，这说明城镇化发展规模自呈现出发散特征。对比不同阶段空间差异指数UV和全局自相关Moran's I指数的变化趋势，两者表现出一定的负相关关系，即随着空间自相关性的不断提高，各样本城镇的城镇化发展规模收敛速度加强；反之，空间自相关性的降低则伴随着城镇规模地区发散的加速。

②2005—2015年全国各样本城镇城镇化发展质量的空间差异指数，除去2010年的较大波动之外，总体上呈现出逐渐下降的趋势，这说明城镇化发展质量呈现出地区收敛的特征。对比不同阶段空间差异指数UV和全局自相关Moran's I指数的变化趋势，两者表现出一定的负相关关系，即随着空间自相关性的不断提高，各样本城镇的城镇化发展质量收敛速度加强；反之，空间自相关性的降低则伴随着城镇发展质量地区发散的加速。

③2005—2015年全国各样本城镇城镇化协调发展水平的空间

差异指数，除去 2010 年出现波动外，城镇化协调发展水平 UV 指数维持在稳定的区间内，这说明城镇化协调发展水平的收敛趋势和发散趋势均不明显。同样，对比城镇化协调发展水平不同阶段空间差异指数 UV 和全局自相关 Moran's I 指数的变化趋势，两者表现出一定的负相关关系，即随着空间自相关性的不断提高，各样本城镇的城镇化协调发展水平收敛速度加强；反之，空间自相关性的降低则伴随着城镇发展水平地区发散的加速。

（7）全国各样本城镇的城镇化发展协调水平整体呈现出由东北向西南演化的空间格局。在城镇化协调发展水平空间格局的演变中，内源力是首要影响因子，其次是行政力水平和投资力水平的影响较大，市场力和外向力影响次之。

从城镇化发展水平时空格局演变趋势分析的结果来看，城镇化发展规模、城镇化发展质量和城镇化协调发展水平均呈现出由东北向西南演化的空间分布格局，且空间布局的演化上变化较小，在具体的覆盖范围上，逐渐向西北和南部地区扩散，但扩散幅度很小。

城镇化协调发展水平的空间格局会呈现不同的发展态势，这其中其主要影响作用的因子即城镇化协调发展水平空间格局演变的驱动因子。本书中将驱动因子归纳为行政力、市场力、外向力、内源力和投资力 5 个方面，通过空间计量回归模型的计算发现，除行政力相关系数为负值外，其余参数的相关系数均为正值。这说明，在城镇化协调发展的过程中，政府行政力对城镇化协调发展产生了负影响，而市场力水平、外向力水平、内源力水平和投资力水平均对城镇化协调发展产生了正影响。其中，内源力是首要影响因子，其次是行政力水平和投资力水平。另外，结果还表明，城镇化协调发展水平本身存在显著的空间滞后效应，即某一城镇或地区的城镇化协调发展水平对邻接地区的城镇化协调发展水平呈现正向的溢出效应。

7.2 主要启示和建议

诺贝尔经济学奖获得者美国学者斯蒂格利茨（Joseph E. Stiglitz）认为，美国的高科技和中国的城镇化将会是影响当今世界的两件大事。目前我国正处于社会经济发展转型的关键时期，也是加快推进社会主义现代化和城镇化深化转型的重要时期。因此，必须深刻认识城镇化协调发展对社会经济发展的重大作用，准确认识和把握当前我国城镇化发展的现状水平、特征和问题，从而妥善应对城镇化过程中可能出现和面对的各类风险和挑战。可以说，在未来相当长的一段时间内，城镇化的建设和发展都将是我国社会经济发展的首要任务之一。因此，保证我国城镇化健康协调的发展具有极为重要的意义。基于本书研究所得到的主要结论，同时结合我国当前城镇化发展的现状，本书提出我国城镇化协调发展的若干启示和建议。

7.2.1 稳步推进城镇发展规模的有序增长

（1）促进人口发展规模与土地发展规模、经济发展规模增长的协调统一

城镇化规模的发展主要体现在土地规模、经济规模和人口规模三个方面。目前国内城镇化发展的过程中，主要以土地规模增长和经济规模增长为主，而人口规模城镇化增长相对滞后，即"土地和经济城镇化"快于"人口城镇化"[①]。在后期城镇化发展推进的过程中，要通过完善人口管理的相关制度，逐步消除城乡二元户籍壁垒，合理引导人口的城镇化规模发展。同时，通过完善就业、就医、

---

① 2005—2015 年，全国城镇人口平均增长率在 3.25% 左右，城镇建成区面积平均增长率在 4.84% 左右，经济增长率达 9.67%，可以看出城镇人口的增长明显落后于经济增长和土地增长。

教育等相关社会福利制度，确保城镇化过程中"新市民"的权益，提高"人口城镇化"发展的质量。另外，结合优化土地管理和提升经济发展质量，进一步促进人口发展规模与土地发展规模、经济发展规模增长的协调统一。

（2）优化土地管理制度改革，控制土地增长规模

在城镇化土地规模的增长上，要严格按照"管住总量、严控增量、盘活存量"的原则。通过优化土地管理制度，完善土地利用结构，控制土地增长规模，提高土地利用效率，从而满足在城镇化发展过程中的用地需求。具体来说主要包括以下几个方面：

①建立城镇用地规模结构调控机制。严格控制各类新增城市建设用地的规模，严格执行城市土地分类和规划建设用地标准，落实土地供应和土地使用政策，结合增量供应和库存挖掘，提高库存用地的比例。探索并实施增加城市建设用地规模与吸纳农业转移户数量相挂钩的政策。在具体的城镇用地规模调控实施上，可以因地制宜灵活实施。对于人口密度高、城镇用地相对紧张的东部地区，新增城镇建设用地规模必须有效控制。对于中西部地区，可以适当加大土地集约利用程度高、发展潜力大和人口聚集的区域中心城镇的建设用地供给指标。同时，要适当控制工业用地，优先增加居住用地，合理安排生态用地，保护农业用地，统筹安排基础设施和公共服务设施用地。

②健全节约集约用地制度。完善各项建设用地标准体系，严格执行土地使用标准，适当提高工业项目容积率和土地产出门槛，探索实施长期租赁、先租后让和租让结合的工业用地供应政策制度。对于城市地区，主要通过建立健全城镇土地再开发激励约束机制，充分利用现有土地进行城市去库存建设，同时建立存量建设用地退出激励机制，促进老城区、城中村以及废弃厂房等地区的改造和保

护性开发。对农村来说，通过加强农村土地综合整治，完善经营管理机制，促进城乡建设用地增减的相互挂钩。同时，进一步完善土地租赁、转让、抵押相关制度。

③优化征地制度。通过缩小征地范围，规范征地程序和流程，完善被征地对象合法利益的保障机制。同时建立起兼顾国家和个人的土地增值收益分配制度，保障各方的合理收益。另外，通过健全争议协调和仲裁的相关制度，以解决征地过程中可能出现的问题。

④严格执行耕地保护制度。严格控制土地利用，协调耕地质量控制和生态管护，完善耕地补偿制度，建立健全耕地保护激励约束机制。同时建立并实施各级政府的耕地保护责任目标考核制度和耕地保护责任追究制度，加强对基本农田和耕地的管理长效保护机制，实现耕地占补的动态平衡。

（3）推进人口管理制度改革

各城镇要完善农业转移人口安置和落户的相关制度。根据综合承载力、发展潜力、就业条件、居住年限和城镇社会保险参与年限等基本条件，制定城镇落户和转移的相关标准。在加快户籍制度改革的同时，要进一步完善人口管理的相关制度，逐步消除城乡户籍壁垒，恢复户籍人口登记管理职能，促进户口有序流动，实现城乡人口的合理分配与融合。具体来说：

①建立居住证制度。以居住证为载体，全面建立并推行居住证制度。同时建立健全与居住年限相关的公共服务提供机制，以此作为城镇流动人口申请居留户口登记的重要依据。

②健全人口信息管理制度。加强和完善人口统计调查制度，进一步完善人口普查办法和人口变动调查制度。同时，加快人口基础信息数据库和信息交流平台的建设，逐步实现信息跨部门和跨地区的一体化。

7.2.2 推进城镇发展提质升级，着力提升城镇发展质量

（1）优化城市产业结构，促进经济发展转型升级

产业结构作为推动城镇化发展的内源力，其结构的合理与否关系到城镇化发展的协调和健康水平。在我国城镇化发展的过程中，通过调整和优化城市产业结构，促进城市经济转型升级，增加城镇化发展的活力。具体来说：

①根据城市资源环境承载力、要素禀赋和比较优势，培育和发展特色鲜明的城市产业体系。

②转变和升级传统产业，淘汰落后产业，扩大先进制造业、战略性新兴产业。

③适应制造业转型升级的要求，促进生产性服务业的市场化、专业化和社会化，促进城镇服务经济型产业结构的形成，以便为城镇化的发展提供更为多样化和更高质量的服务。同时，积极引导中心城市和人口稠密地区的生产性服务业聚集，以适应消费者需求多样化，提高生活服务水平。

④加强不同城镇间的专业分工合作，提升中小城市承接产业的能力，构建特色鲜明、优势互补的城镇产业发展格局。

（2）加强城市基本公共服务设施建设，提升城镇社会发展质量

城市基本公共服务水平是城镇化社会发展质量的重要衡量指标，强大的市政公用设施和公共服务设施水平，将增加城镇基本公共服务的供给，有利于加强城镇尤其是中心城镇的人口聚集和服务支撑能力，提升城镇化发展质量水平。具体来说，主要包括以下几个方面：

①优先发展城市公共交通。将公共交通的发展摆在城市交通发展的首要位置，一方面，加快构建以公共交通为主体的城市交通体系，积极发展高速公交、地铁等为代表的城市公共交通系统；另一

方面，优化公交站点的场址选择和线路设置，推动形成公交优先网络，提高公共交通的覆盖率、准时率和运行速度。另外，通过加强综合交通管理，有效规范和合理引导不同交通运输方式和交通管理系统的信息共享和资源整合。

②加强市政公用设施建设。安全、高效和便利的市政公用设施是提高居民生活质量和城市基本公共服务水平的基础和关键。具体来说，一方面要优化社区生活设施布局，完善老年人社区服务体系，完善便民服务网络和便民生活服务圈；另一方面，要加强城市综合管廊建设、城市防洪设施建设、城市清洁能源供应设施建设和污水处理及再生利用设施建设等市政公用设施的建设，从而提升城镇社会发展质量。

③完善基本公共服务体系。根据城镇常住居民的增长趋势和空间分布情况，统筹安排学校、文化设施、医疗卫生机构以及体育场馆等公共服务设施建设。同时，通过创新公共服务供给方式，引入市场机制，扩大政府采购服务规模，实现供给主体和方式的多元化，根据经济社会发展状况和资金实力，逐步提高城镇居民基本公共服务水平。

（3）强化生态环境保护制度，提升生态环境质量

完善城镇化绿色循环低碳发展的体制和机制，实行最严格的生态环境保护制度，形成基于资源节约和环境保护的城镇空间格局、产业结构、生产生活方式。具体来说主要包括以下几个方面：

①建立生态文明评估与奖惩机制。将资源消耗、环境破坏和生态效益纳入城镇化协调发展的评价体系中，完善体现生态文明要求的目标体系、评价方法和奖惩机制。取消对限制开发区和生态基底脆弱的国家重大扶贫开发区域的GDP考核要求。

②建立国土资源开发保护制度。在城镇化建设和发展过程中，

要坚定不移地贯彻国土空间规划，落实"三区三线"。划定城镇化发展的生态保护红线，严格按照主体功能区的定位推动发展，加快完善城镇化地区、主要农业生产区和重点生态功能区空间发展管理的相关制度，建立资源环境承载力监测预警机制。通过构建不同的财政、产业、人口、土地、环境等政策以适应不同的主要功能区域的发展要求。

③实行资源有偿使用制度和生态补偿制度。加快自然资源及其产品的价格评估和制定，建立并实施资源有偿使用制度，充分反映市场供求关系、资源稀缺程度、生态环境破坏成本和生态恢复效益。制定和完善生态补偿的相关政策法规，切实加大生态补偿投入力度，扩大生态补偿范围，提高生态补偿标准。

④建立资源环境产权交易机制。大力发展环保市场，实施节能减排和碳排放权，通过建立和完善排污权、水权交易制度，建立市场机制，吸引社会资金投入生态环境治理和保护，倡导并实施第三方环境污染治理。

⑤实行最严格的环境监管制度。生态环境的质量和保护离不开相关监管制度，通过建立健全和实施严格的环境保护管理制度，落实生态环境保护和修复的各项措施与政策。具体来说，首先要求环境监管部门独立开展环境监督管理执法工作，加强环境执法力度，严格执行环境影响评估制度，提高应对环境突发事件应急处置能力，完善预防为主的环境风险管理制度；其次，完善排污许可相关制度，落实企事业单位污染物排放总量控制制度，同时配合实施生态环境赔偿机制，对生态环境造成严重损害的，追究其刑事责任；另外，尝试在部分地区启动环境污染强制责任保险试点项目。

（4）增强城市创新发展能力

创新发展能力体现的是一个城镇的创造力和科技水平。在科技发展日新月异的现代社会，创新发展能力对城镇化发展质量的提升也愈发显得重要。在我国城镇化发展的过程中，要积极主动应对科技进步和产业转型的新趋势，发挥城镇在创新发展中的载体作用，走创新发展支路。具体来说主要包括：

①要在全社会营造创新发展的环境氛围，包括政策制度环境、金融资本环境、文化环境等；

②要建立产学研联合创新机制，明确不同主体在创新发展中的地位和作用，突出企业在技术创新中的主体地位和骨干作用，同时也要激发和鼓励广大中小企业提升创新能力；

③完善知识产权的相关制度和保护，完善技术创新激励机制，促进创新成果的资本化和产业化；

④发挥高等院校和科研院所在创新发展中的中坚力量，推动高等院校提高培养创新人才的能力，引导部分地方高校向应用型技术类高校转型发展。

7.2.3 提升城镇化协调发展水平，促进城镇化健康协调发展

（1）优化城镇化布局和形态

按照"统筹规划，协同发展"的原则，优化城镇空间布局和城镇规模结构，重点发展聚集效率高、辐射效应强、城镇体系优良、配套功能强的重点城镇，促进其成为支撑国民经济增长，促进城镇化协调发展的增长核心。同时，以交通轴上的城市群和节点城市为基础，构建大中小城市和小城镇协调发展的"两横三纵"城镇化战略格局。发挥不同等级规模城镇在城镇化发展中的作用，对于沿海城市来说，要加快产业转型升级，加大对全球产业分工的参与力度，扩大面向腹地的产业和服务链，加快推进产业国际化进程，同时扩大其对内陆地区的辐射效应。对于内陆城市来说，要进一步扩大开

发开放力度，完善以先进制造业、战略性新兴产业和现代服务业为重点的产业体系，提高要素聚集能力、技术创新能力和高端服务能力，发挥规模效应和驱动效应。同时要依托高效便利的交通和便捷的公共服务设施，加强不同尺度内城镇间的协作和功能互补，实现联动发展和协调发展。具体来说：

①东部地区是我国城镇化发展的先行区，也是城镇化发展质量、规模和协调水平较高的区域。在未来城镇化发展的过程中，一方面要发挥东部地区城镇的聚集效应和辐射效应，另一方面要加快城镇化发展的提质升级、城镇空间结构优化，实现资源永续利用和生态环境质量的提升。东部地区尤其是以长三角、珠三角和京津冀三大城市群为核心的区域，也是我国社会经济水平、城镇化协调发展水平最高的区域。对于这几个区域来说，必须继续进行制度创新，以打造世界级的城市群为目标。一方面，通过科技进步、产业升级和绿色发展等措施加快形成国际竞争新优势，参与国际高层次的合作与竞争，发挥其对社会经济的带动和提升作用，从而促进区域城镇化的协调发展；另一方面，要科学定位每个城市的功能定位，提高城市群内中小城市的人口和经济聚集能力，引导城镇人口和产业在区域内的合理布局和转移。

对于东部地区其他城市群及区域，要在区域整体功能定位的基础上，进一步优化城镇空间布局和产业结构，提高城镇化发展的效益。具体来说，一方面，着重发展先进制造业和现代服务业；另一方面，加强城乡基础设施建设和公共服务设施建设，通过深化不同城镇间的合作和交流，实现区域的统筹协调发展。另外，在实现社会经济和福利水平提升的同时，要加强对生态环境的保护，实现社会经济环境的协调发展。

②对于中西部地区城镇化来说，应该选择城镇体系比较健全、

社会经济比较发达的中心城镇和城市群区域,有重点地进行发展建设,充分发挥中心城镇的辐射带动作用。具体来说,一方面,在严格保护生态环境的基础上,有选择地承接东部地区效益高、市场大的劳动密集型产业,以此转移城镇化过程中的农村剩余劳动力和吸纳从东部地区的返乡农民工;另一方面,通过人口聚集和产业聚集,培育和发展一批新的增长区域和中心城镇(重点培育和发展成渝城市群、中原城市群、长江中游城市群等区域),充分发挥其在城镇化过程中的聚集和辐射效应,从而达到优化区域城镇结构和布局的目的。通过加强对外开放,发展地区特色产业和优势产业,加快新型工业化进程和现代产业体系的建设,同时结合基础设施的完善,促进城镇功能的齐全和城镇布局的合理调整。

另外,考虑到中部地区是中国的主要粮食生产区,西部地区是中国的水源保护区和生态保护区,在中西部城镇化发展的过程中,必须严格保护耕地,特别是基本农田,保护水资源等自然资源。同时,合理控制城镇发展规模,加强城镇生态环境保护和治理,落实生态环境监管制度,摒弃传统的低效、高耗能、高污染的发展模式,走可持续发展的道路。

(2)创新城镇化资金保障机制

金融资本是城镇化发展的有效保障,通过加快财税体制改革和投融资机制改革,引入社会资本和民间资本等第三方资本进入城镇化的投融资中,逐步建立起多元化的城镇化资金保障机制。具体来说,主要包括:

①完善财政转移支付制度。建立起财政支付转移和城镇人口落户和市民化之间的联系机制,并依托信息化管理,逐步完善城镇基本公共服务支出分享机制和补助资金机制。

②完善地方税体系。通过培育地方主体税种(如培育和完善资

源税和生态环境保护税），扩大地方政府的税收自主权，从而增加地方政府公共服务水平的提供能力。

③建立规范透明的城市建设投融资机制。一方面，要完善地方政府债务管理的相关法律法规和政策制度，在部分试点的基础上，逐步允许各级地方政府发行各种形式的地方债券，从而拓宽城镇化建设发展的资金渠道。同时，创新金融产品和服务，多渠道推动城镇化建设融资；另一方面，要理顺市政公用产品和服务的定价机制，放宽准入条件，加强监管，鼓励社会资本参与城市公用设施和城市基础设施项目的投资和运营。

（3）营造良好就业创业环境，增强城镇化内在活力

就业创业是城镇化发展的内在活力，在城镇化发展的过程中，通过营造良好的就业创业环境，激发城镇化发展的内在活力，促进城镇化协调发展。具体来说：

①发挥城市创业平台作用，充分利用城市规模经济产生的专业化分工效应，通过放宽政府部门的管制，降低市场交易成本，激发城镇中各类群体的创业活力。同时，通过完善创业的相关扶持政策，形成"政府鼓励创业、社会支持创业、劳动者勇于创业"的创业环境。

②通过运用财政支持、政策性金融服务、税费减免、小额贷款担保、创业投资引导等手段，为中小企业的发展提供良好的发展环境和政策支持，从而实现由创业带动就业的转变。

③加大对高校毕业生为重点的青年人员的就业扶持，促进不同社会群体的就业和再就业。要结合城镇产业结构的升级和调整，实现与高校毕业生源的对接，同时通过实行不同形式的高校就业扶持和自主创业资助政策，实施针对高校毕业生的就业促进计划。另外，通过相关政策的实施，合理引导高校毕业生就业流向，尤其是鼓励高校毕业生到中西部地区和中小城市创业就业。

（4）全面落实国土空间规划，提高城镇化协调发展水平

通过建立不同部门间的沟通平台和协调机制，在政府部门层面支撑国土空间规划，通过这个联合组织开展国土空间规划的规划工作，在不同部门之间搭建一个定期沟通、决策的平台，加强部门沟通的同时，引入自下而上的决策机制，实现政策执行的有效监督，同时也为后续信息数据平台的定期更新提供支持。

搭建国土空间规划的信息平台，采用"一张图"模式，统筹各项规划。国土空间规划施行的支持基础既是将各项规划的数据进行统一，通过统一的信息数据标准编制整体的综合性规划，这就需要搭建国土空间规划的信息平台，这些数据的衔接和共享是国土空间规划的技术基础。这就需要打造共建共用共享的规划数据平台，为统筹规划及建设效果评价提供支持。坚持科学合理的规划原则，通过国土空间规划的实施，实现整体上四类城镇化协调发展、城镇化水平有效提高、城镇化水平与质量协调发展，实现地区间城镇化协调发展，缩小发展差异。一方面，通过人口落户、产业升级、基础设施、民生等方面的科学、合理规划和加速建设，全面推进全省特别是城镇化进程滞后城市的城镇化水平提升，全面提升各市综合承载能力。另一方面，在城镇化水平提高的同时，通过其他措施有效保障城镇化发展的质量，确保建设质量同步提高。

（5）健全城镇化协调水平监测评估

加强城镇化统计工作，顺应城镇化发展态势，建立健全统计监测指标体系和统计综合评价指标体系，规范统计口径、统计标准和统计制度方法。加快制定城镇化协调发展水平监测评估体系，实施动态监测与跟踪分析，开展规划中期评估和专项监测，推动本规划顺利实施。在具体的指标选择上，可以参考本书中所构建的城镇化

协调水平评价体系指标，从城镇化发展规模和城镇化发展质量两大方面构建城镇化协调发展水平的监测评估体系。

（6）加强管理协调，强化政策统筹

中央和地方政府应明确分工，完善城镇化发展的相关协调机制，强化对城镇化发展的政策统筹。具体来说：

①在国家层面上，加强规划政策和制度的顶层设计，并应对重大政策研究和制定进行统筹规划，重视城镇化发展中的重大问题并提出解决思路。同时要推进相关规划和政策的实施，并对规划工作进行监督和检查。不同部门应根据本规划提出的各项要求、政策和措施，认真履行职责并制定相应的规划策略和实施计划。

②在地方层面上，各地方政府应完善工作机制，在落实国家层面相关规划（如国土空间规划、国家新型城镇化规划等）的同时，因地制宜地制定符合本地区城镇化发展的相关规划和政策。要提升城镇化管理及执行水平，培养一大批更为专业的城市管理人员。根据本地区相关规划要求，完善城市治理相关法律法规、标准体系及配套政策。通过不同部门之间的通力协作，提高政策制定和实施执行过程中的协调配合，共同促进和推动土地利用、金融投资、生态环境改善、住房政策等方面的改革。

7.3 可能的创新点

本书基于系统论、协同论、可持续发展理论和其他相关理论来研究城镇化发展水平问题，尝试性地提出了城镇化协调发展水平测度分析模型和城镇化协调发展空间效应分析模型。主要目的是揭示中国城镇化协调发展特征、评估城镇化协调发展水平和空间效应。具体有以下创新点：

（1）在城镇化协调发展水平测度上。本书在归纳、梳理国内外城镇化的相关研究以后，结合全国城镇化发展特征，创新性地构建了基于城镇化发展规模与质量的城镇化协调发展水平测度模型（QS模型），探讨了城镇化协调发展水平的测度方法，并界定了城镇化"协调发展水平基准区间带"及"协调发展水平标点"，并给出发展状态指数、发展水平偏离程度及发展向好速率等指标的计算方法。在理论模型构建的基础上，将模型运用于全国286个样本城镇上进行了实证分析。

（2）在城镇化协调发展的空间效应上。本书把地理空间因素纳入分析框架之中，利用空间计量模型，研究城镇化的空间效应及空间演化。通过空间自相关模型，分析了全国各样本城镇城镇化发展的空间相关性；通过空间差异指数，测度了各样本城镇城镇化协调发展的实际变化情况；通过利菲弗方向性分布模型，分析了各样本城镇城镇化协调发展的空间格局演变趋势；通过空间计量回归模型，分析了各样本城镇城镇化协调发展空间演化的驱动因子。

7.4 研究不足与展望

7.4.1 研究不足

本书基于构建的城镇化协调发展测度和空间效应分析理论模型，对全国286个样本城镇的城镇化协调发展水平作了综合评价和深入分析，并对其空间效应作了进一步分析和提出了相应的发展建议，基本上完成了预期的研究目标。但在研究的过程中，由于各种因素的综合影响，难以避免地存在主观推断、分析不深入等问题。具体来说，主要存在以下不足：

(1)研究区范围方面

本书基于数据的可获得性,选择了全国286个地级市及直辖市,这些样本城镇主要集中分布在东部和中部地区,西部地区由于城镇化发展相对滞后和行政区划的设置,导致样本数分布上相对较少(尤其是西藏、青海和新疆三个区,仅有1—2个样本城镇分布),仅有的样本城镇也主要以省会城市和区域核心城市为主,从而导致西部地区城镇化协调发展水平的测度和分析结果与实际情况存在一定偏差。

(2)研究数据和指标方面

本书中涉及数据收集和指标选择的研究工作主要包括城镇化发展规模和发展质量的测度以及城镇化协调发展空间格局演变驱动因子分析两大部分。参考现有学者的相关研究,这两部分的研究时分别选取了系列指标进行表征,但在实际的城镇化发展过程中,涉及社会经济、空间、环境等诸多方面的要素,城镇化真正的发展水平也很难通过系列指标就可以完整地评估和测算出来。本书中选取若干指标只能是尽可能的完整的表征和试图去接近这一真实水平,在指标的选取上也同样存在一定的主观性。另外,本书中在城镇化协调发展的空间格局演化驱动因子分析时,采用了空间计量经济学中的模型和方法,在选取指标参数时也主要从经济学的角度出发,但实际上城镇协调发展水平的空间演化受到诸多因素的影响,既包括社会经济因素,也包含自然因素和政治因素,本书中选取的若干参数指标也只是尽可能地用模型方法去模拟城镇化发展这一复杂的社会经济发展过程,在指标的选取上也难以避免地带有研究者的主观偏好。

在研究使用的数据上,本书中使用的数据主要来自统计年鉴和社会经济发展公报,一方面数据口径的不统一和数据缺失,导致了研究工作量的增加；另一方面，部分地区统计数据的"注水"，致使数据的真实性下降，从而影响研究结果。

（3）研究方法方面

本书基于构建的城镇化协调发展水平测度模型（QS模型）来评价我国各样本城镇的城镇化协调发展水平，在此评价结果的基础上作了进一步的分析，并得出了相应的研究结论。但缺少采用不同的评价方法的结果比较，从而使得研究结果相对主观，也难以通过方法对比对本书研究方法进行优化和调整。另外，在空间效应分析部分，本书也主要采用空间经济学中的相关模型和方法，是从经济学的角度来看待城镇化发展的空间问题，同样也缺乏不同方法的对比和分析。

7.4.2 今后研究展望

针对上述存在的问题和不足，在今后的研究中，主要从以下几个方面去进一步地完善本研究，作为本书的深化和拓展。

（1）将研究样本扩展到县域尺度，弥补现有地级市尺度样本在西部地区分布较少的不足，从而更为真实地反映我国城镇化协调发展的真实水平。

（2）尝试采用大数据手段，动态采集各样本城镇城镇化发展进程中的不同数据，以弥补传统统计数据在数据统计口径和真实性上的不足。

（3）通过与专家和同领域学者交流学习，进一步调整和优化城镇化协调发展水平测度和城镇化协调发展空间演化驱动因子分析的相关表征指标，以完善指标体系，更为科学和真实地反映我国城镇化协调发展的水平。

（4）尝试采用不同方法对城镇化协调发展水平测度和空间演

化驱动力进行分析,将研究结果与本书研究结果进行对比分析,对本书研究方法作出进一步的调整和优化。

附：城镇化协调发展水平空间计量回归模型运行代码

```
% --------------------------------------------------
% 导入数据 data "A";
% 导入空间权重矩阵 "W"
% 使用 Geoda 生成所需权重文件（空间权重.gal），可用 TXT 文本编辑器打开
% 使用 excel 生成 0-1 权重矩阵表
% 读取数据
city=textread('w.txt');
weight=zeros(286，286);
for x=1:286
    for y=1:11
        if city(x，y)>0;
            weight(x，city(x，y))=1;
        end
    end
end

% --------------------------------------------------
% 数据预处理
T=11;
N=286;
W=normw(weight);
```

附：城镇化协调发展水平空间计量回归模型运行代码

```
y=A(:, [3]);
x=A(:, [4:8]);
nobs=N*T;
```

% --
%OLS 检验

```
xconstant=ones(N*T, 1);
[nobs K]=size(x);
results=ols(y, [xconstant x]);
vnames=strvcat('DEVE', 'intercept', 'RJCZ', 'FNJY', 'WSTZ', 'FNCZ', 'RJTZ');
prt_reg(results, vnames, 1);
sige=results.sige*((nobs−K)/nobs);
loglikols=−nobs/2*log(2*pi*sige)−1/(2*sige)*results.resid'*results.resid
% The (robust)LM tests developed by Elhorst
LMsarsem_panel(results, W, y, [xconstant x]); % (Robust) LM tests
```

% --
%Hausman test
%Hausman test FE versus RE of model + spatial autocorrelation

```
logliklag=results.lik;
blagfe=results.parm(1:end−1);
covblagfe=results.cov(1:end−1, 1:end−1);
logliklagre=results.lik;
```

```
blagre=results.parm(1:end-2);
covblagre=results.cov(1:end-2, 1:end-2);
hausman=(berrorfe-berrorre)'*inv(covberrorre-covberrorfe)*(berrorfe-berrorre);
dof=length(berrorfe);
probability=1-chis_prb(abs(hausman), dof);
%Note: probability>0.05 implies rejection of random effects model in favor of fixed effects model
fprintf(1, 'Hausman test-statistic, degrees of freedom and probability = %9.4f, %6d, %9.4f \n', hausman, dof, probability);


% --------------------------------------------------
% 实证分析 sar 和 sem 选择
info.model=1;
results_sar=sar_panel_FE(y, x, W, T, info);%sar
results_sem=sem_panel_FE(y, x, W, T, info);%sem
vnames=strvcat('DEVE', 'RJCZ', 'FNJY', 'WSTZ', 'FNCZ', 'RJTZ');%
prt_spnew(results_sar, vnames, 1);
prt_spnew(results_sem, vnames, 1);


% --------------------------------------------------
% LM 检验
LMsarsem_panel(results_sar, W, y, x); % LM tests spatial lag
LMsarsem_panel(results_sem, W, y, x); % LM tests spatial error
```

% --

% 空间杜宾 SDM

```
for t=1:T
        t1=(t-1)*N+1; t2=t*N;
        wx(t1:t2, :)=W*x(t1:t2, :);
end
results_sdm=sar_panel_FE(y, [x, wx], W, T, info);%SDM
vnames=strvcat('DEVE', 'RJCZ', 'FNJY', 'WSTZ', 'FNCZ', 'RJTZ', 'W*DEVE', 'W*RJCZ', 'W*FNJY', 'W*WSTZ', 'W*FNCZ', 'W*RJTZ');
prt_spnew(results_sdm, vnames, 1);
```

参考文献

[1] Abdel-Rahman H M. Agglomeration economies, types, and sizes of cities [J]. Journal of Urban Economics, 1990, 27(1):25-45.

[2] Ahn, R., T.F. Burke and A.M. McGahan, Innovating for Healthy Urbanization [M]. Springer Verlag: New York, 2015.

[3] Alexander C. Vias. Micropolitan areas and urbanization processes in the US [J]. Social & Behavioral Sciences. 2012, 29(3):24-28.

[4] Alig R J, Kline J D and Lichtenstein M. Urbanization on the US landscape: looking ahead in the 21st century [J]. Landscape & Urban Planning, 2004, 69(2):219-234.

[5] Amott R J, Riley J G. Asymmetrical Production Possibilities, the Social Gains from Inequality and the Optimum Town [J].Scandinavian Journal of Economics. 1977, 79: 301-311.

[6] Anselin L. Spatial econometrics: Methods and models [M]. The Netherlands: Kluwer Academic, 1988.

[7] Antoaneta Bezlova.China looks to new megacities to spur growth [N] .Asia Times, October 27, 1999.

[8] Avgerou C. The Informational City: Information Technology Economic Restructuring and the Urban Regional Process [J]. European Journal of Information Systems, 1991, 1(1):76-77.

[9] Bairoch P. The economic development of the Third World since 1900 [J]. Population & Development Review, 1975, 29(2):533.

[10] Balchin, P. and L. Sykora, eds. Regional Policy and Planning in

Europe [M]. Routledge: London, 1999.

[11] Barton, H.G.M.M., Healthy urban planning in European cities [J]. Health Promotion Internati onal, 2009. 1(24): p. i91-i99.

[12] Beeson P E. Total Factor Productivity Growth and Agglomeration Economies in Manufacturing [J]. Journal of Regional Science, 2006, 27(2):183-199.

[13] Berry B J L. City Size Distributions and Economic Development [J]. Economic Development & Cultural Change, 1961, 9(4):573-588.

[14] Burgess, R. and A. Venables, Towards a Microeconomics of Growth, in Policy Research Working Paper. 2004.

[15] Chang G H, Brada J C. The paradox of China's growing under-urbanization [J]. Economic Systems, 2006, 30(1):24-40.

[16] Checkland S G. The Urban Question: A Marxist Approach [J]. Urban Studies, 1977, 15(15):357-358.

[17] Chen J, Chen S, Landry P F. Urbanization and Mental Health in China: Linking the 2010 Population Census with a Cross-Sectional Survey [J]. International Journal of Environmental Research & Public Health, 2015, 12(8):9012-9024.

[18] Chen, Mingxing. Evolution and assessment on China's urbanization 1960-2010: Under-urbanization or over-urbanization? [J]. Habitat International, 2013, 38(38):25-33.

[19] Chenery Hollis, Syrquin, R. Patterns of development 1950-1970[1975]. London: Oxford University Press, 1975.

[20] Chuanglin Fang, Danlin Yu. China's New Urbanization Developmental Paths, Blueprints and Patterns [M]. Springer Berlin Heidelberg, 2016.

[21] Davin D. Internal migration in contemporary China [J]. Basingstoke England Macmillan Press, 1998, 58(3):798–800.

[22] Dicken P. Global shift: industrial change in a turbulent world [J]. Progress in Human Geography, 2004, 63(4): 507–515.

[23] Division P. World urbanization prospects: the 2014 revision: highlights [M]. 2014.

[24] Dobkins L H, Ioannides Y M. Spatial interactions among U.S. cities: 1900–1990[J]. Regional Science & Urban Economics, 2001, 31(6):701–731.

[25] Elhorst J P. Unconditional maximum likelihood estimation of dynamic model for spatial panel [J]. Geographical Analysis, 2005, 37(1): 85–106.

[26] Evans AW. A Pure Theory of City Size in an Industrial Economy [J]. Urban Studies. 1972, 9:49–77.

[27] Fang, C. and D. Yu, China's New Urbanization [M]. Springer Berlin Heidelberg, 2016.

[28] Frank A G. Capitalism and underdevelopment in Latin America; historical studies of Chile and Brazil – Rev. Ed. [J]. Economic Journal, 1969, 78(310):452.

[29] Frank A G. The Development of Underdevelopment [J]. International Affairs, 1989, 47(1):252.

[30] Frey W H, Speare A. Regional and Metropolitan Growth and Decline in the US [M]. Russell Sage Foundation, 1988.

[31] Gangopadhyay K, Basu B. City Size Distributions for India and China [J]. Physica A Statistical Mechanics & Its Applications, 2010, 388(13):2682–2688.

[32] GB/T 50280—98, 城市规划基本术语标准 [S].

[33] Gunnar Myrdal. Economic Theory and Underdeveloped Regions [M], 1957, Gerald Duckworth.

[34] Gupta B, Pal D, Sarkar J. Spatial Cournot competition and agglomeration in a model of location choice [J]. Regional Science and Urban Economics. 1997, 27(3): 261 –282.

[35] Hattori K, Kagaya K, Inanaga S. THE REGIONAL STRUCTURE OF SURROUNDING AREAS OF TOKYO [J]. Geography, 1960, 33(10):495–514.

[36] Henderson J V. Urban development: city size and population composition [J]. Providence R, 1982.

[37] Jensen-Butler C. Cities in Competition: Equity Issues [J]. Urban Studies, 1999, 36(5):865–891.

[38] John Friedmann. China's Urban Transition [M]. Univ of Minnesota Press, 2005.

[39] Knox P L, Mccarthy L. Urbanization: an introduction to urban geography [M]. Prentice-Hall, 1994.

[40] Li Y, Li Y, Zhou Y, et al. Investigation of a coupling model of coordination between urbanization and the environment [J]. Journal of Environmental Management, 2012, 98(1):127–133.

[41] Libang M A, Cheng W, Qi J. Coordinated evaluation and development model of oasis urbanization from the perspective of new urbanization: A case study in Shandan County of Heixi Corridor, China [J]. Sustainable Cities & Society, 2018.

[42] Logan J. The new Chinese city: globalization and market reform [M]. Blackwell Publishers, 2002.

[43] Marcotullio P J. Globalisation, Urban Form and Environmental Conditions in Asia-Pacific Cities [J]. Urban Studies, 2003, 40(2):219-247.

[44] Michael Timberlake. The Polycentric Metropolis: Learning from Mega-City Regions in Europe [J]. Journal of the American Planning Association, 2008, 74(3):384-385.

[45] Mills E S. An Aggregative Model of Resource Allocation in a Metropolitan Area [J]. American Economic Review, 1967, 57(2):197-210.

[46] Mirrlees J A. The Optimum Town [J]. Swedish Journal of Economics. 1972, 74: 114-135.

[47] Mitchell, Andy. ESRI GIS Analysis Manual, Volume 2. ESRI Press, 2005.

[48] Neville W. Counterurbanization: The Changing Pace and Nature of Population Deconcentration [J]. New Zealand Geographer, 2010, 50(2):56-56.

[49] Nijkamp, R. and C. Peter, eds. HANDBOOK OF REGIONAL GROWTH AND DEVELOPMENT THEORIES [M]. Edward Elgar Publishing Limited: Cheltenham, 2009.

[50] Pacione, M., ed. URBAN GEOGRAPHY: A GLOBAL PERSPECTIVE [M]. Routledge: London, 2001.

[51] Perroux, F. A Note on the concept of Growth Poles [J]. Regional Economics: Theory and Practice, 1970, 22: 93-103.

[52] Pridmore, P., et al., Social Capital and Healthy Urbanization in a Globalized World [J]. Journal of Urban Health, 2007. 84(S1): p. 130-143.

[53] Qian F U, Yang D, Zhang X, et al. Coordination between quality

and scale of urbanization in oasis cities in Xinjiang[J]. 2015.

[54] Rae, A.J., Research Methods in Urban and Regional Planning. URBAN DESIGN International, 2008. 13(3): p. 205–206.

[55] Rajiv R. Thakur. Handbook of regional growth and development theories [M].Handbook of regional growth and development theories. Edward Elgar, 2009:897–906.

[56] Ray. M. Northam. Urban geography [M].New York: John Wiley &Sons, 1979, 5–66.

[57] Riley J. Gamma Ville: an Optimal Town [J]. Journal of Economic Theory. 1973, 6: 471–482.

[58] Scott A. Global city-regions: trends, theory, policy [M]. Oxford University Press, 2001.

[59] Spence, M., P.C. Annez and R.M. Buckley, eds. Urbanization and Growth: Commission on Growth and Development. 2009, The World Bank: Washington.

[60] Storper, M. and A.J. Scott, eds. PATHWAYS INDUSTRIALIZATION AND REGIONAL DEVELOPMENT. 1992, Routledge: London.

[61] Sullivan, Gerard. Uneven Development and National Income Inequality in Third World Countries: A Cross-National Study of the Effects of External Economic Dependency [J]. Sociological Perspectives, 1983, 26(2):201–231.

[62] United Nations Environment Program. World Conservation Strategy [Z], 1980.

[63] UNITED NATIONS HUMAN HABITA. The state of the world's cities report[R]. New York, NY, USA: United Nations Publications, 2002:116–118.

[64] Wang S J, Ma H, Zhao Y B. Exploring the relationship between urbanization and the eco-environment—A case study of Beijing-Tianjin-Hebei region[J]. Ecological Indicators, 2014, 45(5):171-183.

[65] Webster D, Muller L. Urban competitiveness assessment in developing country urban regions: the road ahead [R]. 2000. World Bank, USA.

[66] Yu, C.F.D., ed. China's New Urbanization Developmental Paths, Blueprints and Patterns [M]. Springer Berlin Heidelberg, 2016.

[67] 《城镇合理规模》课题调研组.研究城镇合理规模的理论和方法[M].南京大学出版社，1986.

[68] 曹广忠，边雪，刘涛.基于人口、产业和用地结构的城镇化水平评估与解释——以长三角地区为例[J].地理研究，2011，30(12):2139-2149.

[69] 曹文莉，张小林，潘义勇，等.发达地区人口、土地与经济城镇化协调发展度研究[J].中国人口·资源与环境，2012，22(2):141-146.

[70] 曹宗平.中国城镇化之路:基于聚集经济理论的一个新视角[M].人民出版社，2009.

[71] 陈春林，梅林，刘继生，等.国外城市化研究脉络评析[J].世界地理研究，2011，20(1):70-78.

[72] 陈浩，郭力."双转移"趋势与城镇化模式转型[J].城市问题，2012(2):71-75.

[73] 陈鸿彬.农村城镇化质量评价指标体系的构建[J].经济经纬，2003(5):90-92.

[74] 陈明星，陆大道，张华.中国城市化水平的综合测度及其动力因子分析[J].地理学报，2009，64(4):387-398.

[75] 陈明星，陆大道，查良松.中国城市化与经济发展水平关系的国际比较[J].地理研究，2009(2):464–474.

[76] 陈晓倩，张全景，代合治，等.城镇化水平测定方法构建与案例[J].地域研究与开发，2011，30(4):76–80.

[77] 陈彦光，刘继生.基于Beckmann模型的城镇化水平公式及其理论探讨[J].东北师大学报(自然科学)，2000，32(3):78–83.

[78] 陈瞻.中部地区县域城镇化测度、识别与引导策略研究[D].华中科技大学，2015.

[79] 程开明.从城市偏向到城乡统筹发展——城市偏向政策影响城乡差距的PanelData证据[J].经济学家，2008，3(3):28–36.

[80] 程守艳.西部欠发达地区生态文明城镇建设的问题及对策分析——基于金华镇的实证分析[J].焦作大学学报，2011，25(2):26–28.

[81] 崔木花.城市群发展质量的综合评价[J].统计与决策，2015(4):61–64.

[82] 戴均良.城镇化发展战略与城市体制创新[J].城市发展研究，2002(1):11–17.

[83] 戴永安.中国城市化效率及其影响因素——基于随机前沿生产函数的分析[J].数量经济技术经济研究，2010(12):103–117.

[84] 方建德，杨扬，熊丽.国内外城市可持续发展指标体系比较[J].环境科学与管理，2010，35(8):132–136.

[85] 费孝通，1999，《费孝通文集》第1–14卷，群言出版社.

[86] 冯兰瑞.城镇化何如城市化?[J].经济社会体制比较，2001(4):6–10.

[87] 冯兴华，钟业喜，李建新，等.长江中游城市群县域城镇化

水平空间格局演变及驱动因子分析[J].长江流域资源与环境，2015，24(6):899-908.

[88] 冯云廷.聚集经济效应与我国城市化的战略选择[J].财经问题研究，2004(9):35-41.

[89] 弗农亨德森.中国城市化面临的政策问题与选择[J].比较，2007，(31).

[90] 高凌宇，李俊峰，陶世杰.跨江城市群城镇化空间格局演变及机制研究要以皖江城市带为例[J].世界地理研究，2017，26(2):72-81.

[91] 耿海清，陈帆，詹存卫，等.基于全局主成分分析的我国省级行政区城市化水平综合评价[J].人文地理，2009(5):47-51.

[92] 辜胜阻，成德宁.户籍制度改革与人口城镇化[J].经济经纬，1998(1):51-55.

[93] 辜胜阻，易善策，李华.中国特色城镇化道路研究[J].中国人口·资源与环境，2009，19(1):47-52.

[94] 辜胜阻，郑凌云.农村城镇化的发展素质与制度创新[J].武汉大学学报(哲学社会科学版)，2003，56(5):541-547.

[95] 顾朝林，吴莉娅.中国城市化研究主要成果综述[J].城市问题，2008(12):151-155.

[96] 顾朝林.中国城市发展的新趋势[J].城市规划，2006(3):26-31.

[97] 顾朝林.国外城镇化主要经验启示[J].城市，2010(10):6-8.

[98] 顾朝林，于涛方，李王鸣等.中国城市化格局、过程与机理[M].北京科学出版社，2008.

[99] 郭宁，吴振磊.非均衡发展——均衡发展——城乡一体化——西方经济学城乡关系理论评述[J].生产力研究，2012(10):254-256.

[100] 郭汝.城镇规模研究综述及趋势探讨[J].中国经贸导刊，2011(8):72-73.

[101] 郭叶波,魏后凯.中国城镇化质量评价研究述评[J].中国社会科学院研究生院学报，2013(2):37-43.

[102] 郭宇光.山西省城镇化质量与城镇化规模的实证分析[J].现代城市研究,2015(2):73-78.

[103] 国家发展和改革委员会.国家新型城镇化规划(2014-2020年)[Z]，2014.

[104] 国家发展和改革委员会.《长江三角洲城市群发展规划》[Z].2016.

[105] 郝华勇.城镇化质量的差异评价与提升对策——以东部10省市为例[J].唯实，2012(6):52-55.

[106] 郝华勇.城镇化质量研究述评与展望[J].江淮论坛，2013，261(5):18-23.

[107] 何孝沛,梁阁,丁志伟,等.河南省城镇化质量空间格局演变[J].地理科学进展,2015,34(2):257-264.

[108] 侯学英.中国城市化进程时空差异分析[M].经济科学出版社，2008.

[109] 黄金川,陈守强.中国城市群等级类型综合划分[J].地理科学进展，2015，34(3):290-301.

[110] 黄留国.中国特色城镇化道路:模式、动力与保障[J].郑州大学学报(哲学社会科学版)，2011(3):76-80.

[111] 姜爱林.城镇化水平的五种测算方法分析[J].中央财经大学学报，2002(8):76-80.

[112] 姜爱林.中国城镇化理论研究回顾与述评[J].当代社科视野，2002，18(Z1):65-70.

[113] 姜太碧.经济增长极理论与农村城镇化研究[J].农业技术经济，2002(4):51-55.

[114] 孔祥云，王小龙.论改革开放以来我国城镇化的若干模式[J].中国特色社会主义研究，2013(2):49-53.

[115] 李国敏，匡耀求，黄宁生，等.基于耦合协调度的城镇化质量评价:以珠三角城市群为例[J].现代城市研究，2015(6):93-100.

[116] 李国平.我国工业化与城镇化的协调关系分析与评估[J].地域研究与开发，2008，27(5):6-11.

[117] 李建建，陈少晖.统筹城乡发展:历史考察与现实选择——以福建省为例[M].经济科学出版社，2008.

[118] 李珀榕.中国城镇化建设模式研究报告[M].国家行政学院出版社，2013.

[119] 李涛，廖和平，杨伟，等.重庆市"土地、人口、产业"城镇化质量的时空分异及耦合协调性[J].经济地理，2015，35(5):65-71.

[120] 李铁.城镇化改革的地方实践(城镇化与社会变革丛书)[M].中国发展出版社，2013.

[121] 李小帆，邓宏兵，马静.长江经济带新型城镇化协调性的趋同与差异研究[J].地理科学进展，2015，34(11):1419-1429.

[122] 李小帆，邓宏兵.长江经济带新型城镇化协调性的空间差异与时空演化[J].长江流域资源与环境，2016，25(5):725-732.

[123] 李小帆.长江经济带城镇化空间效应研究[D].中国地质大学，2016.

[124] 李晓明，杨文健.坐标系内象限法城镇化泡沫测度——以重庆市为例[J].城市问题，2016(03):48-55.

[125] 李哲.河南省新型城镇化进程评估与发展预测[D].华中师范大学,2014.

[126] 林金忠.户籍制度变迁及其对城镇化的影响[J].福建行政学院学报,2002(3):29-33.

[127] 刘建平,李云新.快速城市化进程中的城乡冲突及其成因探析[J].理论月刊,2011(12):5-9.

[128] 刘静玉,刘玉振,邵宁宁,等.河南省新型城镇化的空间格局演变研究[J].地域研究与开发,2012,31(5):143-147.

[129] 刘荣增.中国城乡统筹:城市增长管理视角[M].科学出版社,2013.

[130] 刘素冬.对我国城市化质量的深思[J].天津城建大学学报,2006,23(1):69-72.

[131] 刘霄龙.广西城镇化质量与规模的协调性研究[D].广西大学,2016.

[132] 刘晓丽,王发曾.经济转型期中原城市群地区城镇规模结构演变分析[J].人文地理,2006,21(3):1-4.

[133] 刘亚臣,常春光,刘宁,等.基于层次分析法的城镇化水平模糊综合评价[J].沈阳建筑大学学报(自然科学版),2008,24(1):132-136.

[134] 刘耀彬,陈志,杨益明.中国省区城市化水平差异原因分析[J].城市问题,2005(1):16-20.

[135] 刘勇,高建华,丁志伟.基于改进熵权法的中原城市群城镇化水平综合评价[J].河南大学学报(自然版),2011,41(1):49-55.

[136] 刘兆德,刘聪,刘强,等.中国地级及以上城市区域综合发展水平及其类型[J].经济地理,2017,37(3):25-31.

[137] 刘兆德，刘强，刘振明，等.中国省域城镇化综合水平的空间特征与影响因素[J].城市发展研究，2017，24(3):95-101.

[138] 陆大道.地理学关于城镇化领域的研究内容框架[J].地理科学，2013，33(8):897-901.

[139] 吕健.中国城市化水平的空间效应与地区收敛分析:1978—2009年[J].经济管理，2011(9):32-44.

[140] 吕园，李建伟.区域城镇化空间演化驱动要素及其机理探析[J].北京规划建设，2014(6):52-56.

[141] 吕园，邢磊.区域城镇化空间格局与组织过程研究综述[J].安徽农业科学，2016，44(26):216-218.

[142] 马静，李小帆，张红.长江中游城市群城市发展质量系统协调性研究[J].经济地理，2016，36(7):53-61.

[143] 马鹏，李文秀，方文超.城市化、聚集效应与第三产业发展[J].财经科学，2010，2010(8):101-108.

[144] 马艳梅，吴玉鸣，吴柏钧.长三角地区城镇化可持续发展综合评价——基于熵值法和象限图法[J].经济地理，2015，35(6):47-53.

[145] 毛丽芹.中国西部特色城市化模式研究[D].天津师范大学，2004.

[146] 美克拉衣 & 艾克拜尔.中国城镇化推进模式研究[J].城市地理，2016(6).

[147] 苗丽静，王雅莉.城市化经济的产业集群效应分析[J].城市发展研究，2007，14(4):64-64.

[148] 聂苏，陈东明.农村城镇化标准及评价指标研究[J].中国农村经济，1996(zn):69-72.

[149] 宁越敏.中国城市化特点、问题及治理[J].南京社会科学，

2012(10):19-27.

[150] 宁越敏.新城市化进程——90年代中国城市化动力机制和特点探讨[J].地理学报，1998(5):88-95.

[151] 潘培坤，凌岩.城镇化探索[M].同济大学出版社，2012.

[152] 祁金立.城市化聚集效应和辐射效应分析[J].暨南学报（哲学社会科学版），2003，25(5):30-34.

[153] 钱振明.中国特色城镇化道路研究:现状及发展方向[J].苏州大学学报(哲学社会科学版)，2008(3):1-5.

[154] 秦震.论中国政府主导型城镇化模式[J].华南师范大学学报(社会科学版)，2013(3):24-29.

[155] 山鹿诚次.城市地理学[M].湖南教育出版社，1986.

[156] 尚娟.中国特色城镇化道路[M].科学出版社，2013.

[157] 邵俊.武汉城市圈城镇化质量评估研究[D].华中科技大学，2015.

[158] 邵琳，翟国方，丁琳.安徽省城市化质量时空演变及驱动力因子分析[J].现代城市研究，2013(10):76-81.

[159] 石卿，马军.城镇化水平的度量及评价[J].统计与决策，1999(12):17-18.

[160] 史文利，高天宝，王树恩.基于主成分分析与聚类分析的城市化水平综合评价[J].工业工程，2008，11(3):112-115.

[161] 施益军.中国城镇化协调发展水平测度及其空间效应研究[D].南京大学，2018.

[162] 施益军，翟国方，周姝天等.我国主要城市的城市病综合评价及发展研究[J].上海城市规划，2019(2)：87-93.

[163] 斯特拉斯蔡姆，2001:《城市住宅区位理论》[M].经济科学出版社，2001，2-26.

[164] 宋宇宁, 韩增林. 东北老工业地区城镇化质量与规模关系的空间格局——以辽宁省为例[J]. 经济地理, 2013, 33(11):40-45.

[165] 苏雪串. 城市化进程中的要素聚集、产业集群和城市群发展[J]. 中央财经大学学报, 2004(1):49-52.

[166] 孙长青, 田园. 经济学视角下新型城镇化评价指标体系的构建[J]. 河南社会科学, 2013, 21(11):56-58.

[167] 佟光霁. 闭锁与破解:中国城镇化进程中的城乡协调研究[M]. 科学出版社, 2010.

[168] 童长江. 城乡经济协调发展评价及模式选择[M]. 科学出版社, 2013.

[169] 托利·克瑞菲尔德, 2001:《城市规模与位置的政策问题》[M]. 载于米尔斯主编《城市经济学》(《区域和城市经济学手册第二卷》)中文版, P.486-488, 经济科学出版社.

[170] 王德成, 张领先, 王志琴. 城镇化水平计算方法比较分析[J]. 农机化研究, 2004(3):61-63.

[171] 王富喜, 毛爱华, 李赫龙, 等. 基于熵值法的山东省城镇化质量测度及空间差异分析[J]. 地理科学, 2013, 33(11):1323-1329.

[172] 王国强. 从长三角地区人口发展战略研究想到的几个问题[J]. 人口与计划生育, 2004(8):1-1.

[173] 王家庭, 唐袁. 我国城市化质量测度的实证研究[J]. 财经问题研究, 2009(12):127-132.

[174] 王家庭, 赵亮. 我国分省区城市化效率的实证研究[J]. 同济大学学报(社会科学版), 2009, 20(4):44-50.

[175] 王家庭. 多重约束下"低成本、集约型"城镇化模式研究[M].

南开大学出版社，2010.

[176] 王家庭.基于低碳经济视角的我国城市发展模式研究[J].江西社会科学，2010(3):85-89.

[177] 王梦奎.中国现代化进程中的两大难题：城乡差距和区域差距[J].山东经济战略研究，2004(9):16-18.

[178] 王胜今，韩一丁.东北地区城镇化发展水平分析[J].人口学刊，2017，39(3):44-51.

[179] 王文博，蔡运龙.城镇化水平差异的模糊综合评价——以西安市临潼区为例[J].人文地理，2008，23(1):48-51.

[180] 王小鲁，夏小林.优化城市规模推动经济增长[J].经济研究，1999(9).

[181] 王小鲁.中国城市化路径与城市规模的经济学分析[J].经济研究，2010(10):20-32.

[182] 王新越，宋飐，宋斐红，等.山东省新型城镇化的测度与空间分异研究[J].地理科学，2014，34(9):1069-1076.

[183] 王洋，方创琳，王振波.中国县域城镇化水平的综合评价及类型区划分[J].地理研究，2012，31(7):1305-1316.

[184] 王怡睿，黄煌，石培基.中国城镇化质量时空演变研究[J].经济地理，2017，37(1):90-97.

[185] 王勇辉.农村城镇化与城乡统筹的国际比较[M].中国社会科学出版社，2011.

[186] 魏宏森，曾国屏.系统论——系统科学哲学[M].清华大学出版社，1995.

[187] 吴友仁.关于中国社会主义城市化问题[J].城市规划，1979：(3):13-25.

[188] 吴振磊.马克思经济学与西方经济学城多关系理论的比较[J].

经济纵横，2011(8):23-26.

[189] 武彦民,杨峥.土地财政与最优城市规模[J].经济与管理研究，2012(3):29-38.

[190] 尚正永,张小林,卢晓旭,等.安徽省区域城市化格局时空演变研究[J].经济地理,2011,31(4):584-590.

[191] 奚建武,唐亚林.复合型二元结构:考察城乡关系的新视角[J].社会主义研究,2008,2008(5):42-46.

[192] 席强敏.城市效率与城市规模关系的实证分析——基于2001—2009年我国城市面板数据[J].经济问题,2012(10):37-41.

[193] 项继权.城镇化的"中国问题"及其解决之道[J].华中师范大学学报(人文社会科学版),2011,50(1):1-8.

[194] 肖峰,韩兆洲.区域新型城镇化水平测度与空间动态分析[J].统计与决策,2017(5):101-104.

[195] 肖万春.论中国城镇化水平度量标准的合理化[J].社会科学辑刊,2006(1):112-117.

[196] 许学强,叶嘉安.我国城市化的省际差异[J].地理学报,1986(1):8-2.

[197] 许学强.我国城镇规模体系的演变和预测[J].中山大学学报(社会科学版),1982(3):40-49.

[198] 杨璐璐.中部六省城镇化质量空间格局演变及驱动因素——基于地级及以上城市的分析[J].经济地理,2015,35(1):68-75.

[199] 杨俊,韩增林,马占东.(2016).滨海地区土地利用时空格局演变与模拟预测研究:以大连市金州区为例.北京:科学出版社.

[200] 杨剩富,胡守庚,叶菁,等.中部地区新型城镇化发展协调度时空变化及形成机制[J].经济地理,2014,34(11):23-29.

[201] 杨天兵.城镇化加速推进中的制度创新思考[J].黑龙江社会科学，2003(3):28-32.

[202] 杨天兵.论城镇化进程中的制度创新[J].政治学研究，2003(4):104-111.

[203] 杨洋，王晨，章立玲，等.基于国家规划的新型城镇化状态定量评估指标体系构建及应用——以山东半岛城市群为例[J].经济地理，2015，35(7):51-58.

[204] 姚士谋，陆大道，王聪，等.中国城镇化需要综合性的科学思维——探索适应中国国情的城镇化方式[J].地理研究，2011，30(11):1947-1955.

[205] 姚亚伟，吴佩.城镇化进程中被征地农民的社会保障现状及对策分析[J].安徽农业科学，2005，33(7):1293-1295.

[206] 叶阿忠，吴继贵，陈生明.空间计量经济学[M].厦门：厦门大学出版社，2015.

[207] 叶超，祝佳佳.长江中游城市群城镇化发展评价与空间整合[J].苏州大学学报(哲学社会科学版)，2016(6):1-6.

[208] 叶裕民.中国城市化质量研究[J].中国软科学，2001(7):27-31.

[209] 尹占娥，殷杰，许世远，等.转型期上海城市化时空格局演化及驱动力分析[J].中国软科学，2011(2):101-109.

[210] 俞燕山.我国城镇的合理规模及其效率研究[J].经济地理，2000，20(2):84-89.

[211] 苑林，李继峰.洛阳城市化模式研究[J].洛阳师范学院学报，1999(1):51-54.

[212] 张春梅，张小林，吴启焰，等.城镇化质量与城镇化规模的协调性研究——以江苏省为例[J].地理科学，2013，

33(1):16-22.

[213] 张国富.城乡一体化新趋势与协调机制构建[M].北京：中国农业出版社，2011.

[214] 张昆仑.试论人口"城市化"聚集的生产力效应[J].河南大学学报(社会科学版)，2003，43(3):74-76.

[215] 张荣天，焦华富.长江三角洲地区城镇化效率测度及空间关联格局分析[J].地理科学，2015，35(4):433-439.

[216] 张维智，单忠东，陈燕风.中小城市城镇化发展模式研究[M].北京：经济科学出版社，2015.

[217] 张伟.试论城乡协调发展及其规划[J].城市规划，2005(1):79-83.

[218] 张文和，李明.城市化定义研究[J].城市发展研究，2000(5):32-33.

[219] 张晓瑞，王振波.基于PP-DEA模型的区域城镇化发展差异的综合评价[J].中国人口·资源与环境，2012，22(2):130-135.

[220] 张应武.基于经济增长视角的中国最优城市规模实证研究[J].上海经济研究，2009(5):31-38.

[221] 赵阳.积极稳妥推进城镇化大力促进县域经济发展[J].农村金融研究，2010(11):4-10.

[222] 郑蔚.海西经济区城镇化质量规模协调度动态变化研究[J].福建师范大学学报(哲学社会科学版)，2013(6):33-40.

[223] 中共中央马恩列斯著作编译局.马克思恩格斯选集[M].北京:人民出版社，1995.

[224] 仲盼，罗守贵.中国城镇化水平测定中存在的问题及调整方法[J].经济体制改革，2006(3):162-166.

[225] 周虹,刘文昊,郁瑾.长江中游城市群城镇化水平区域差异综合评价[J].区域经济评论,2017(2):86-92.

[226] 周民良.从成本优势走向技术优势,是中国工业化过程中不可避免的选择[J].经济研究参考,2005(96):2.

[227] 周一星.中国城市工业产出水平与城市规模的关系[J].经济研究,1988(5):74-79.

[228] 周英.城市化模式选择:理论逻辑与内容[J].生产力研究,2006(3):59-61.

[229] 朱诚,姜逢清,吴立,等.对全球变化背景下长三角地区城镇化发展科学问题的思考[J].地理学报,2017,72(4):633-645.

[230] 朱甫芹.基于KPCA的城镇化水平综合评价[J].统计与决策,2004(1):40-41.

[231] 朱苏加,吴建民,孙博,等.县域城镇化度量与经济发展-以河北省为例[J].地理与地理信息科学,2016,32(6):101-106.

[232] 住房与城乡建设部课题组."十二五"中国城镇化发展战略研究报告[M].北京:中国建筑工业出版社,2011.

[233] 邹德慈等.城市规划导论[M].北京:中国建筑工业出版社,2002.